마흔,
인생 2막을
평생 현역으로
사는 법

마흔,
인생 2막을
평생 현역으로
사는 법

초판 1쇄 발행 2020년 6월 1일

지 은 이 김은형
발 행 인 권선복
편   집 권보송
디 자 인 김소영
전 자 책 서보미
마 케 팅 권보송
발 행 처 도서출판 행복에너지
출판등록 제315-2011-000035호
주   소 (157-010) 서울특별시 강서구 화곡로 232
전   화 0505-613-6133
팩   스 0303-0799-1560
홈페이지 www.happybook.or.kr
이 메 일 ksbdata@daum.net

값 15,000원

ISBN 979-11-5602-809-3   (03190)

Copyright ⓒ 김은형, 2020

도서출판 행복에너지는 독자 여러분의 아이디어와 원고 투고를 기다립니다. 책으로 만들기를 원하는 콘텐츠가 있으신 분은 이메일이나 홈페이지를 통해 간단한 기획서와 기획의도, 연락처 등을 보내주십시오. 행복에너지의 문은 언제나 활짝 열려 있습니다.

마흔,
인생 2막을
평생 현역으로
사는 법

김은형 지음

도서
출판 행복에너지

당신의 인생 후반전은
평생 현역으로 살아야 한다

현 시대 직장인의 첫 번째 고민은 '어떻게 백세 시대를 살아가야 할 것인가?'이다. 이 책은 직장인이 인생 2막을 평생 현역으로 사는 방법을 제시하고 있다. 그에 따른 평생 현역 생활을 위해 직장인이 준비하는 법과 실천해야 할 원칙들을 제시한다. 근로기준법이 개정되어 주 52시간 근무제가 실시되고 있다. 직장인은 '자기계발을 할 시간이 없어서'라는 핑계를 할 수 없다. 당신에게 주어진 시간은 당신이 관리해야 한다. 그리고 직장 다니면서 퇴직 후 평생 현역 생활을 위한 준비를 해야 한다. 이 책이 당신의 평생 현역 생활을 준비하는 데 길잡이가 되었으면 한다.

대학 졸업 후 대기업에서 만 29년, 중소기업에서 7년의 직장 생활을 했다. 이 책을 쓰면서 나의 인생을 되돌아볼 수 있었다. 어려운 시기를 극복하는 과정과 직장 생활을 하면서 겪었던 지식과 경험을 생생한 사례 중심으로 책에 담았다. 한 권의 책은 누군가에게는 인생 전환점이 될 수 있다. 이 책을 읽는 누군가에게도 선한 영향력을 줄 수 있기를 바란다.

저자가 직장 생활을 시작할 때에는 평생직장의 개념이었다. 하지만 세상은 가만히 있지 않았다. 환경은 빠르게 변하고 있었고, 직장인은 변하는 환경에 따라가야 했다. 직장 생활을 충실히 하면서 변화에 따라가는 것에 만족을 느끼고 있었다. 그러나 변화의 속도는 이전 삶에서 느껴보지 못한 엄청난 속도로 질주하고 있다. 직장이라는 울타리는 이러한 변화의 속도를 삶에서 체험하는 것에 느리게 반응하게 한다. 직장에서 나오는 월급이 직장인이 삶을 살아가는 데 문제가 없는 것처럼 보이게 하는 것이다. 세상은 변하고 있어도 내 월급은 매달 나오고 있다는 것이다. 이러한 직장인의 마인드는 환경 변화에 더디게 반응하게 하고 자기계발을 게을리하게 한다. 직장에서 고과를 잘 받고 승진을 제때 할 수 있으면 자기 삶을 잘 살고 있다고 생각한다. 그 이유로 직장인의 자기계발 방향은 자신의 업무 향상을 위한 배움이 우선이었다. 실제 통계자료를 보더라도 아직까지 '퇴직 이후를 위해서'라는 목적의 자기계발을 하는 직장인은 열 명 중 한 명밖에 안 된다.

근로기준법이 개정되어 2018년 7월부터 300인 이상의 사업장부터 주 52시간 근무제를 적용받고 있다. 순차적으로 전 산업계에 적용하게 된다. 이 책에는 자기계발을 통해 성공적인 인생 후반전을 살고 있는 실제 사례들을 다수 보여준다. 직장인으로 없는 시간을 쪼개 가며 자기계발을 위한 시간 관리를 한 결과이다. 당신은 직장이라는 울타리 안에 있으면 안전하다는 생각에서 벗어나야 한다. 직장 밖의 세상도 경험을 하고 자신의 미래에 현역으로 일할 수 있는 콘텐츠를 만들어 가야 한다. 직장에서 사원으로 취업하여 임원까지 올라갈 수 있는 사람이 몇 명이나 되는가? 앞으로는 '퇴직 이후를 위해서'라는 자기계발이 직장인 열 명 중 아홉 명이라는 통계자료가 나와야 한다.

우리는 제4차 산업혁명 시대에 살고 있다. 2016년 6월 스위스에서 열린 다보스 포럼Davos Forum에서 포럼의 의장이었던 클라우스 슈밥Klaus Schwab이 처음으로 '제4차 산업혁명'이라는 용어를 사용했다. 4차 산업혁명의 핵심기술은 사물인터넷IoT, 빅 데이터, 블록체인, 자율 주행차, 인공지능AI, 가상현실VR, 드론 등이다. 모든 정보들은 4차 산업혁명의 핵심기술에 집중되어 보도되고 있다. 세계적으로 1차 산업혁명부터 3차 산업혁명까지 많은 발전이 있었다. 장비들이 자동화되면서 사람들의 일자리가 줄어들기도 했지만 장비를 작동하는 것은 여전히 사람이 해야 했다. 하지만 4차 산업혁명 시대가 되면서 인공지능이 사람을 대신할 수 있게 되기 시작했다.

2016년 구글 딥마인드의 알파고와 이세돌 9단의 바둑대국이 있었다. 이세돌 9단이 1승 4패로 패했다. 하지만 이 1승은 사람이 알파고를 상대로 거둔 유일한 승리로 기록된다. 이제 빅 데이터와 심층학습Deep learning으로 훈련된 인공지능이 우리의 직장과 업무 영역에 빠른 속도로 들어오게 된다. 이들에게 손을 들고 백기 투항하는 것은 바둑만이 아니다. 4차 산업혁명으로 인해 앞으로 사라질 직업들과 새로 생겨나는 직업들에 대한 정보가 공개되고 있다. 만약 당신이 얼리어답터Early adopter라면 새롭고 창의적인 직업에 도전해 보는 것도 좋을 것이다.

이전과는 또 다른 세상이 펼쳐지면서 우리는 미래에 대한 불확실성의 시대에 살고 있다. 처음 인터넷이 도입되었을 때 종이식 정보에서 전자식 정보로 바뀌면서 갑자기 너무 많은 정보의 홍수 속에 갈팡질팡했었다. 지금이 당시와 유사한 환경으로 개개인들은 어쩔 줄 모르고 있는 사이에 시간은 쏜살같이 지나가고 있다.

이미 당신 가정에도 인공지능 전자제품 하나 정도는 들어와 있을 것이다. 이렇게 변화는 빠르고 조용하게 우리 곁에 와 있다. 이제 당신은 백세 시대와 제4차 산업혁명이라는 변화에 신속한 적응을 할 수 있어야 한다. 그리고 당신의 인생 2막에는 평생 현역의 멋진 삶이 펼쳐지길 바란다.

2020년 5월
김은형

제3장
인생 후반 준비를 위한 원칙을 세워라

제4장
직장 다니면서 인생 2막 준비하는 법

제5장

이제 당신도 📝
평생 현역을 준비하라

인생 2막, 어디서부터 어떻게 준비할까?

마흔,
인생 2막을
평생 현역으로
사는 법

01

인생 2막,
어디서부터 어떻게 준비할까?

내가 알고 싶은 것은 모두 책에 있다.
내가 읽지 않은 책을 찾아주는 사람이 바로 나의 가장 좋은 친구이다.
- 에이브러햄 링컨

"팀장님, 팀장님은 이제 몇 년 안 남으셨는데 혹시 퇴직 준비하고 계신 것 있으십니까?"

어느 따스한 봄날 점심시간이 지나서 김 과장이 팀장님과 커피 한잔하면서 물었다.

"퇴직 준비라고 할 것이 뭐 있나? 어디 할 만한 게 있어야지."
"팀장님 고향에 논이나 밭 좀 갖고 계신 거 없으신가요?"

요즘 퇴직 후 귀농, 귀촌 붐이 불고 있다. 김 과장은 고향이 농촌인 팀장이 퇴직 후 귀농할 땅을 갖고 있는지 아니면 퇴직 후 다른 준비하고 있는 것이 있는지 궁금했다. 팀장의 미래가 앞으로 자신의 미래이기도 한 것이다. 그래도 팀장은 사오정을 지나 무난히 정년을 채우고 퇴직할 수 있을 것 같다. 도시 출신인 김 과장은 농촌에 땅 가진 부모님도 없고 어떻게 보면 팀장보다도 자신의 인생 2막이 막막하기만 하다.

이처럼 요즘 직장인들은 자신의 인생 2막을 어떻게 살아갈 것인지에 대한 관심이 많아지고 있다. 하지만 직장인이 직장 다니면서 인생 2막을 준비하기에는 여러 가지 이유들로 인해 어려운 실정이다. 나 역시 직장 다니면서 인생 2막을 준비한다는 것은 항상 우선순위에서 밀려 있었다. 나는 58년 개띠 태생으로 내가 직장 생활을 시작할 당시엔 한 번 직장은 평생직장이라는 인식이 일반적이었다. 직장에서 열심히 일하면 동료 간 우열은 있겠지만 살아가는 데 문제가 안 되는 줄로 알았다. 하지만 사회는 급속도로 변하고 있었다. 직장인만 직장업무에 바빠 변해가고 있는 사회에 적응할 생각을 못하고 있는 것이다.

신입사원 시절, 모든 문서 업무는 부서별 한 대의 타자기에 의존해 수행했다. 그러다 보니 여사원은 타자도 쳐야 하고 부서행정업무도 해야 하고 여유가 없는 생활을 했다. 그 당시는 여사원의 타자 실력이 부서의 업무능률에 많은 영향을 주었다. 그런데 어느 순간 컴퓨터가 타자를 대신하는 변화가 일어났다. 초기에는 그저 타자기를 대신하는 수준이었으나, 변화는 빠르게 진행되어 개인 책상 위에 컴퓨터가 올라오게 되었다. 그러면서 문서작성 업무가 여사원에게서 각 개인에게로 바뀌면서 여사원 숫자가 줄어들게 되었다. 이러한 변화는 모든 업무에 영향을 미치고 있었다. 컴퓨터 보급으로 수작업에 의존하던 업무가 전산업무 자동화로 인해 빠르게 처리되었다. 이러한 현상은 많은 인원이 소요되던 업무가 소수의 인원으로 가능하게 되면서 직장인 일자리에 많은 변화를 주었다. 변화는 여기에 멈추지 않았다. 컴퓨터의 진화는 세계적으로 인터넷 보급과 병행하여 급속도로 빠르게 이루어졌다. 현재는 제4차 산업혁명이라는 이름하에 인공지능 산업이 각광을 받고 있으며 직장인의 일자리는 계속하여 줄어들고 있다.

이와 함께 사람 수명은 의료기술의 발전과 함께 늘어나면서 직장인이 정년퇴직을 해도 이후 살아 있는 기간이 살아온 만큼이나 남아 있어서 생산적인 일을 해야만 살아갈 수 있도록 사회 시스템이 달라졌다. 사회는 많은 변화가 일어났지만 정작 대부분의 직장인들의 생각은 달라진 것이 별로 없다. 부모세대가 그러했듯이 직장에 들어가서 열심히 직장 생활을 하는 것이 당연한 것으로 교육을 받아온 결과인 것이다. 그러나 현 사회는 일자리를 놓고 부모 세대와 자식 세대 간 경쟁하는 현상이 벌어지고 있다. 당연히 변화에 적응하지 못한 나이 든 직장인들이 젊은 직장인들에게 밀려나게 되어 있다. 이러한 사회적 변화에도 대부분의 직장인들은 어떻게 해야 할 줄 몰라서 그냥 직장에 충실하고 있다. 인생 2막에 대한 대비는 뒷전에 밀려 있는 것이다.

그러면 이제 인생 2막은 어디서부터 어떻게 준비할까를 고민해 보자. 나의 경우 당시 'D'그룹 계열사에 입사하여 개발업무를 하다가 7년 만에 'S'그룹 계열사로 전직을 하게 되었다. 전 회사에서 개발 프로젝트가 종료되고 신규 프로젝트가 연결되지 않아 인력조정이 필요하게 되었다. 이때는 현직 업무능력을 인정받아 전직에는 어렵지 않게 성공했으나 새로운 직장에서의 업무와 인간관계 등 적응하는 데 많은 어려움이 있었다. 대기업 직장 생활은 타 직장의 직장인보다는 대우가 좋은 편이다. 그렇기 때문에 쉽게 전직하거나 퇴직하겠다는 생각을 하지 못한다. 어려움이 있으면 도전하고 극복해서 직장 생활에 문제가 없어야 한다는 생각이 우선이었다. 그 밑바탕에는 대부분의 직장인의 마음속에 가정생활보다 직장 생활이 먼저라는 개념이 자리 잡고 있었다. 이러한 직장 생활을 해 오면서 정년퇴직 기간이 가까워서야 퇴직에 대한 걱정을 하게 된다.

나에게는 정년퇴직 기간 2년을 남기고 회사가 명예퇴직 의사를 전해왔다. 당시는 해야 할 업무도 있었고 준비도 되지 않았기 때문에 신청하지 않았다. 그렇지만 회사에서 명예퇴직 요구가 있다는 것은 곧 나가야 된다는 의미와 같다. 이때부터 나는 고민을 하기 시작했고 일 년 안에 퇴직 후를 생각해야 했다. 우선 자격증이 먼저 떠올랐다. 퇴직 후에도 사용할 수 있는 자격증을 검색했다. 직장 다니면서 취득할 수 있는 자격증으로 주택관리사, 공인중개사 등 여러 가지 자격증이 있다. 하지만 인맥이나 성격을 고려했을 때 나에게는 맞지 않는다고 판단했다. 그중에 사회복지사 자격증이 눈에 들어왔다. 인터넷 강의로 이론점수를 취득하고 나서 실습과정이 있는데 일 년 후 퇴직하면서 실습을 받으면 되겠다는 계획으로 신청했다. 그때부터 퇴근 후 자격증 공부에 집중해서 이론과정을 통과했다. 예상대로 회사에서는 연말이 가까워오자 명예퇴직을 신청받는다고 했다. 또다시 고민하게 되었다. 명예퇴직을 해야 할 것인지 아니면 버티고 일 년을 더 다니면서 퇴직 후 계약직 근무를 요구할 것인지. 하지만 고민은 오래가지 않았다. 명예퇴직을 하게 되면 위로금이 나오고 퇴직금을 합치면 목돈이 생긴다. 그리고 그동안 준비해 온 사회복지사 실습과정을 마치면 자격증도 나온다. 이러한 믿음이 결정에 큰 역할을 하게 되었다. 일단 과감하게 퇴직 신청을 할 수 있었다. 사회복지사 자격증은 나에게 큰 위안으로 다가왔다. 후원자가 생긴 것이었다. '이것이 자격증의 힘이다'라고 생각했다. 퇴직 후 중소기업에 재취업을 하였지만 언제든 다른 대안이 생긴 것이었다. 이러한 과정을 거치면서 직장 다니면서 인생 2막 준비가 얼마나 중요한 것인지를 실감하게 되었다.

여러분도 아직 아무런 준비를 하고 있지 않고 있다면 지금 당장 준비계획을 세우기 바란다. 나의 경우처럼 자격증에 도전해 볼 수도 있고 인생 2막 계획을 세우면서 다양한 길을 찾을 수 있을 것이다. 나와 함께 근무하던 동료 중 한 명은 직장 생활 중 난 동호회에 가입하여 활동하면서 인맥을 구축하고 중간에 퇴직하게 되면서 보험설계사를 하고 있다. 직장 다니면서 구축한 인맥을 최대한 활용하여 시작부터 좋은 실적을 올릴 수 있었다. 퇴직후 현재까지도 난 동호회 회원들과의 만남을 계속하고 있다. 그리고 지금까지도 즐겁게 설계사 일을 하고 있다. 또 다른 동료는 업무를 하면서 접하게 된 IT기술에서 발전성을 확인했다. 현직에 있으면서 의견을 같이하는 동료들과 구체적인 회사 설립준비를 하고 나서 창업을 했다. 물론 준비하고 있던 동료들 외에는 이를 모르고 있었기에 그들의 갑작스런 사표는 남아 있는 동료들을 당황하게 했다. 그 회사는 현재 견실한 업체로 성장해 있다.

나는 여러분에게 인생 2막 준비를 위해 버킷리스트를 작성해 보라고 권한다. 지금 여러분이 처한 현실은 내가 살아온 현실과는 다르다. 나는 한 번 입사하면 평생직장이라는 사회적 분위기 속에 직장 생활을 해왔다. 지금 여러분은 시간 관리를 잘하면 직장 생활에서 눈치 안보고 자기계발 할 수 있는 여건이 갖춰져 있다. 여러분이 국민연금을 받을 수 있는 나이가 되었을 때 과연 수령액이 충분한 가치가 있을 것인가 고민해 보라! 다른 수입원을 준비해야 한다는 것을 금방 알아볼 수 있을 것이다. 지금 당장 버킷리스트를 적어보고 작은 것부터 하나씩 이루어 보라. 그 버킷 리스트에는 당신의 인생 2막도 들어 있을 것이다. 하나씩 이루어 가는 과정에서 스스로 할 수 있다는 성취감을 느껴보길 바란다. 그렇게 하다 보면 인생 2막 준비도 자연스럽게 이루어질 것이다.

02

대기업에서 정년퇴임하면
인생 후반 편할 줄 알았다

작은 성공을 만족스럽게 생각하는 사람은
큰 성공을 얻지 못한다.
- 제세 메서 게만

나의 직장 생활은 대기업에서 출발했다. 당시 대기업 입사는 집안의 경사이고 가정의 든든한 버팀목이었다. 부모님은 동네에서 어깨 힘을 주고 생활하면서 동네 주민들의 부러움을 산다. 사회 분위기는 한 번 취업하면 그곳이 평생직장이라는 개념이 일반적이었다. 대기업에 들어가면 그 사람의 인생이 활짝 핀 것으로 생각했다. 그래서 직장인은 취업하면 회사 업무에 매여 밤낮으로 일을 하는 것이 당연한 것으로 생각했다.

첫 직장에서의 업무로 개발 프로젝트를 하게 되었다. 아침 별 보고 출근하고 저녁 별 보고 퇴근하는 반복되는 일정이었지만 힘든 줄을 몰랐다. 모두가 당연한 것으로 생각하고 있었기 때문이다. 개인의 희생을 감수하고 맡은 바 업무를 충실히 한다. 그렇게 하는 것이 개인을 위하는 일이요 나라의 발전을 위한 일이라고 교육을 받고 자라온 것이다. 그러나 사회 분위기가 바뀌기 시작하고 있었다. 회사에 노동조합이 생기고 외부의 힘이 결집되면서 회사의 분위기는 침체되어 갔다. 회사와 노조 간 협상이 결렬되고 노조는 파업에 들어갔다. 백 일 가까운 기간 파업을 하고 나서야 타협이 이루어지고 회사가 정상화되었다. 사무직 직원들은 회사 복귀 후 업무정상화에 노력하였고 개발팀은 다시 개발 프로젝트 일정을 만회하기 위해 전력을 기울였다. 무사히 개발을 마치고 첫 양산제품이 납품되었으나 기쁨은 잠시, 신규개발 프로젝트의 부재로 인해 개발인원들이 할 일이 없어졌다. 몇몇 인원은 타지역본부로 파견가게 되었다. 나 또한 선뜻 지원하는 인원이 없어서 고민하다가 지원하게 되었다. 지역이 다르다 보니 주말부부를 하게 되었다. 이건 아니다 하는 생각이 들던 중 같이 파견업무를 하던 H대리가 창원에 있는 삼성중공업에서 경력사원을 모집하는데 같이 가자고 의견을 제시해 왔다. 현 거주지하고 가깝다는 이점이 있고 모집 인력이 개발업무 인력이었다. 그러나 전직을 결정하기에는 대리 고참인 나에게 쉬운 것이 아니었다. 다음 해에 과장 진급 대상인데 전직을 하게 되면 보장이 없는 것이었다. 일단 동의하고 면접을 보고 왔는데 일주일 후 출근하라는 연락이 왔다. 동일한 수준의 회사로 전직에 성공한 것이었다.

전직 후 직장 생활은 쉽지 않았다. 새로 주어진 업무와 기존 인력과의 인간관계 구축은 또 다른 어려움이었다. 설상가상으로 개발품 시험과정에 협력업체에서 작업해 온 부품이 말썽을 부렸다. 그 일로 인하여 상사와 해결책을 토의 중에 다른 의견을 제시하면서 눈에 나게 되었다. 당연히 고과를 제대로 받지 못했고 진급은 누락되었다. 절망에 빠져들었고 작업복 안주머니에는 사직서를 넣고 다녔다. 그때 개발업무 조직이 세분화되면서 신규 부서가 생겼다. 그 부서의 파트장이 나에게 스카우트 제의를 했다. 진급할 수 있도록 최대한 노력해 줄 테니 같이 일하자는 것이었다. 의지할 곳이 없던 나는 승낙을 하고 부서를 옮겼다. 그 당시는 대기업에서 살아남아야 한다는 절박함이 모든 것에서 우선하였다. 결국 우여곡절 끝에 전직 후 삼 년 만에 과장으로 승진했다. 그러나 문제가 끝난 것은 아니었다. 그 사이에 아래 직급의 인력들이 먼저 승진해 있는 것이다. 그들 사이에서 업무를 해야 하는 것과 그들이 나를 보는 시선을 아무렇지도 않게 생각하고 지내는 것은 힘들다. 그때 나는 모든 것을 내려놓는 자세를 터득했다. 대기업에서 살아남기 위한 나의 원칙을 세우고 새로운 마음으로 직장 생활을 하기로 다짐했다.

나는 직장 생활을 위한 6가지 원칙을 세우고 지켜왔다. 첫째, 내가 하는 일에 신뢰를 준다. 둘째, 동료들과 경쟁한다는 인식을 주지 않는다. 셋째, 부하직원들의 승진이나 고과에 적극적으로 대처한다. 넷째, 인간관계에 있어서 상하 직원 간 원수를 만들지 않는다. 다섯째, 새로운 업무에 과감하게 도전한다. 여섯째, 모든 일은 협업을 원칙으로 한다. 이러한 원칙하에 업무나 인간관계에 있어서 나의 소신을 지켜나갔다. 항상 맡은 개발프로젝트에 열정을 갖고 임했다. 경쟁사와 경쟁 프로젝트를 수행하기도 했다. 비록 경쟁사 프로젝트에서 당사가 우수한 성능을 나타냈지만 판정단에서 어느 한쪽이 우수하다는 결과를 내지 않아 둘 다 선정이 되지 못했다. 내용은 우수하지만 선정까지 못 간 것은 개발담당자들에게는 좋지 않은 성과로 남게 되어 아쉬웠다.

명품 프로젝트에도 참여했다. 개발 당시는 명품이라는 명칭이 없었지만 개발 결과 명품으로 소개되었다. 방송에서 명품으로 너무 많이 소개되어 얘기하면 모두 알 만한 프로젝트였다. 나는 프로젝트에 참여할 때마다 나의 존재감을 내세웠고 인정을 받았다. 개발상을 받기도 했고, 십 년과 이십 년 근속 표창 및 메달을 받았다. 메달은 금으로 되어 있는데 현재 세계적으로 코로나19 영향에 의해 안전자산인 금값이 많이 올라 있어 든든하다.

나는 프로젝트를 맡아 일해 오면서 정작 내 인생 2막은 준비하지 못했다. 삼팔선, 사오정이라고 하면서 중간퇴직자들이 있었다. 이러한 시기를 지나고 대기업에서 정년퇴직하면 인생 후반을 편하게 지낼 수 있지도 않을까 하는 미련이 많이 남아 있던 탓도 있다. 여러 번 구조조정의 위기도 있었다. 다행히 삼팔선 시점 당시 명품 프로젝트가 진행되는 시기로 오히려 인력수급을 해야 했다. 명품 프로젝트에는 많은 개발인력이 투입되어 일하고 있었다. 프로젝트의 규모가 크므로 협력업체에도 많은 인력이 관여하고 있었다. 그러나 사오정 시점에는 IMF 외환위기를 벗어나기 위해 회사들이 몸을 사리고 있던 시기였다. 하필이면 명품 프로젝트가 종료되는 시점이었다. 신규 프로젝트가 없어서 개발인력의 재배치가 요구되면서 많은 인력이 타 지역 사업장으로 이동을 했다. 이런 상황을 예상이나 한 듯 몇몇 준비해 온 직원은 창업의 길을 갔다. IMF 외환위기라는 구조조정 회오리가 지나가고 다시 안정을 찾는 듯했으나 세계적인 금융위기가 닥쳐왔다. 다행히 기존 사업들이 무난히 진행되고 있는 관계로 큰 여파는 없었다. 이러한 시기를 거쳐 나에게도 정년퇴직 시점이 다가오고 있었다.

회사의 정년나이는 만 55세였다. 정년퇴직 기간 2년을 남기고 연구소장이 불러서 갔더니 명예퇴직 할 의향이 없냐고 물었다. 당시는 해야 할 업무도 있었고 준비도 되지 않았기 때문에 아직 퇴직할 의향이 없다고 했다. 그렇지만 회사에서 명예퇴직 요구가 있다는 것은 곧 나가야 된다는 의미와 같다. 이때부터 나는 고민을 하기 시작했고 퇴직 후에도 일을 해야 하는 현실이 피부에 와닿았다. 그나마 준비할 수 있었던 것으로 사회복지사 자격증을 선택하여 도전했다. 이론과정은 인터넷 강의로 마쳤다. 일 년 후 퇴직하면서 실습과정까지 마칠 수 있었고 자격증을 받았다. 퇴직하면서는 회사에서 지원해 주는 전직지원서비스를 이용했다. 전직지원서비스 업체의 컨설턴트로부터 퇴직 후의 삶에 대하여 설명을 듣게 되었다. 현직에 있을 때 인생 2막 준비를 못 한 것으로 인해 나의 가치가 많이 낮아졌다는 것을 알 수 있었다. 나는 현직에 있을 때 기술사 자격증을 딴다든가 학위를 높인다든가 하는 것에 대해 필요성을 느끼지 않았다. 오히려 그것을 한다고 현업을 소홀히 해서 상사로부터 핀잔을 듣고 하는 직원을 보면서 못마땅하게 생각했다. 사실 대기업이라는 울타리 안에서는 자격증이나 학위가 크게 문제가 안 되었다. 그러나 퇴직한 나에게는 그것이 얼마나 도움이 되는지 컨설턴트의 얘기를 들으면서 실감할 수 있었다. 지나가 버린 시간을 후회해도 소용없다.

대기업에서 퇴직할 때 가정 상황은 좋은 편이 아니었다. 첫째 딸은 대학 졸업을 했으나 확실한 직장이 없었다. 둘째 딸은 대학 졸업반이었고 막내아들은 고3 올라가는 시점이었다. 대기업에서 퇴직하면서 나의 가치가 많이 떨어졌으나 대기업에서 배운 기술을 필요로 하는 중소기업은 다수 있었다. 나에게도 재취업의 기회가 주어졌다. 중소기업 재취업으로 작년 말까지 약 7년을 더 근무할 수 있었다. 그래도 가정 상황이 달라진 것은 없었다. 시대의 흐름은 내 인생 계획과는 반대로 가고 있었다. 40대에 생각했던 인생계획으로는 이 시점이면 딸들은 시집을 가서 가정을 꾸리고 있어야 했다. 현실은 아직 둘 다 미혼이고 막내아들은 군 복무 기간을 거쳐 올해 대학 3학년이다. 그것도 등록금이 비싼 사립대학이다.

결국 대기업에서 정년퇴직을 하더라도 인생 2막 준비를 해야 하는 것이 답이다. 현직에 있을 때 인생 2막을 위한 자기계발 계획을 구체적으로 세워 퇴직 후를 준비해야 하는 것이다. 아직도 저자와 같이 인생 2막 준비 없이 막연하게 직장 생활을 하고 있는 직장인이 대부분이다. 물어보면 "어떻게 준비해야 할지 모르겠다.", "직장 업무만 해도 바쁘고 몸이 고달파서 준비할 엄두가 나지 않는다."는 답이 대부분이다. 앞으로 살아갈 인생이 30년 이상 남아 있다. 대부분 직장인이 퇴직 시 준비된 자금으로는 많이 부족하다. 인생 2막에 대한 준비 없이는 노후에 불편한 삶을 살아야 한다. 직장인이여, 이제부터라도 인생 2막을 위한 평생현역의 꿈을 꾸고 구체적인 실천계획을 세우기 바란다.

▶ **직장 생활을 위한 6가지 원칙**

첫째, 내가 하는 일에 신뢰를 준다.
둘째, 동료들과 경쟁한다는 인식을 주지 않는다.
셋째, 부하직원들의 승진이나 고과에 적극적으로 대처한다.
넷째, 인간관계에 있어서 상하 직원 간 원수를 만들지 않는다.
다섯째, 새로운 업무에 과감하게 도전한다.
여섯째, 모든 일은 협업을 원칙으로 한다.

회사는 평생월급을 주는 곳이 아니다

들어오는 떡만 먹으려 말라.
떡이 없으면 나가서 떡을 만들라.
- 이건희

　회사에서 주는 월급은 주택연금이나 국민연금처럼 가입하면 정해진 시점부터 죽을 때까지 나오는 돈이 아니다. 대부분의 직장인은 주택연금이나 국민연금을 받기 전에 월급이 사라진다. 아마 직장을 퇴직하고 아르바이트 자리를 알아보면서 하루하루 근근히 버티고 있을지도 모른다. 삼성그룹 이건희 회장의 말을 바꿔 말하면 "회사에서 주는 월급만 축내지 말라. 월급을 못 받을 때를 대비해서 스스로 돈을 벌어라."라고 바꾸어 말할 수도 있다. 그렇다 직장인 여러분은 회사에서 주는 월급이 끊기는 퇴직 시기를 준비하고 스스로 돈을 벌 수 있는 파이프라인을 만들어야 한다.

나의 경우는 회사 취업이 평생직장의 개념이던 사회 분위기 속에서 직장 생활을 했다. 그리고 사람 수명이 평균 60세로 예측되던 시절에 신입사원으로 대기업에 입사했다. 그래서 회사에 충성하는 것은 당연한 일이었다. 회사에서 정년까지 근무할 수만 있다면 삶은 보장되는 것이다. 그러나 이러한 사회 분위기는 오래가지 않았다. 생각지도 못하게 컴퓨터가 회사와 가정에까지 보급되면서 그 진화 속도가 하루하루 다르게 변화하고 의료기술의 발달은 사람 수명을 연장시켰다. 지금은 100세 시대라고 한다. 이제까지 우리가 알고 있던 상식과 지식은 순식간에 무너져 내렸다. 100세 시대, 과연 축복인가? 아니면 재앙인가?

첫 직장에서 7년 근무하고 전직을 했다. 일감이 부족해서 인력이 남게 되자 회사에서는 가만히 있지 않았다. 가기 싫어하는 곳으로 파견을 보내든가 해서 여유인력을 해결하려 했다. 그때는 회사 생활 5년 정도 되면 한 번쯤 회사 옮기는 것은 능력자로 생각했다. 회사 생활 5년이면 사원에서 대리로 승진해서 근무할 시기로 전직을 해도 진급이 문제가 되지 않는 시기다. 그러나 7년은 대리 3년차로 다음해 과장 진급시기가 걸려 있다. 지금 생각하면 누가 봐도 전직하기에는 위험한 시기라고 생각을 하게 된다. 너무 갑작스럽게 이루어지면서 사전 정보 획득에 어두웠다. 현재처럼 컴퓨터가 보급되어 인터넷으로 정보를 알 수 있는 환경이 아니었다. 그 회사에 다니는 사람을 알고 있고 궁금한 내용을 전화로 물어봐야 세부적인 정보를 알 수 있었다. 전화도 사무실 전화를 이용할 수 없으므로 집 전화나 공중전화를 이용해야 했다. 그러한 과정들이 쉽지가 않다. 따라서 정보는 같이 가자고 제안한 H대리가 알고 있는 수준이었다. 하지만 나는 단순하게 생각했다. 전직해서 가는 회사도 진급 시스템이 동일하기 때문에 내가 열심히 하면 된다고 판단했다. 그렇게 해서 면접을 보고 출근하라는 연락을 받았다. 다니던 회사는 일주일 만에 정리하고 전직하게 되었다.

그러나 전직해서 적응하고 짧은 기간에 자신을 나타낸다는 것은 생각처럼 되지 않았다. 오히려 역효과를 보게 된 것이다. 개발 프로젝트를 진행하면서 내가 담당한 신규개발 부품 하나가 협력업체에서 제작이 잘못되었는지 시험 중에 문제가 된 것이다. 상사와 원인분석을 위해 토의하는 과정에 설계는 이상이 없고 부품 제작이 잘못된 것이라고 한 것이 상사의 눈에 거슬렸던 것이다. 원인분석을 고민하지 않고 부품제작 쪽으로 원인을 돌린다면서 상사는 나에게 이렇게 말했다.

"김 대리, 자네가 설계를 했으면 얼마나 했어?"

그 건으로 인해 고과에서 밀리고 진급에서 밀렸다. 직장 생활 최대의 위기가 온 것이다. 전직해서 과장으로 진급하기까지 3년이라는 세월이 걸렸다. 그 3년이라는 기간은 나에게는 뼈아픈 시간이었다. 작업복 안주머니에는 사직서를 넣고 다녔다. 정말 처절한 인내와 노력의 시간이었다. 이러한 과정을 슬기롭게 벗어나지 못하면 만년 대리로 직장 생활을 마칠 수도 있는 것이다. 이렇듯 회사에서 월급을 받으면서 생활하는 것은 직장인 세계에서 쉬운 일이 아니다. 이러한 과정을 표본으로 하여 스스로 직장 생활의 원칙을 정하게 되었다. 맡은 업무에 열정과 도전정신으로 무장하고 작은 것까지도 중요하게 생각했다. 사람과의 관계에서 신뢰를 중요시하고 나의 존재감을 드러내는 데 노력했다. 직장 생활하면서 이후에도 여러 차례 위협요소들이 많았지만 내가 세운 원칙하에 그때마다 원만하게 극복했다. 회사에서는 나에게 정년 2년이 남아 있는 시점에 명예퇴직 의사를 물어왔다. 내가 생각하기에는 갑작스런 물음에 "아직 생각이 없습니다."라고 했다. 1년을 더 근무하고 명예퇴직을 했다. 그러나 아직은 월급이 안 나오는 생활은 생각할 수 없었다.

직장 생활 중간에 퇴직한 동료들의 실상을 살펴보자. P씨는 퇴직 후 자기가 취미로 하던 낚시를 아이템으로 해서 좋아하는 낚시도 하고 돈도 벌 수 있다고 판단하여 낚시점을 창업했다. 그러나 다른 일반 낚시점과 차별화된 영업이 없었다. 경기의 흐름을 많이 탔다. P씨의 경우 업종에 대한 경기 흐름의 영향이라든가 세부적인 정보나 영업 분석도 없이 성급한 마음으로 창업을 했다. 사업에 대한 노하우를 익히기도 전에 운영에 어려움을 겪게 되었다. 결국은 폐업 수순을 밟고 재취업해서 직장을 다니고 있다. Y씨의 경우는 현직에 있을 때 동호회 활동을 하면서 인맥을 탄탄하게 구축했다. 평소 항상 얼굴에 미소를 띠면서 사람들과 친근하게 인사도 하고 말을 걸고 하면서 인맥을 튼튼하게 해 놓았다. 퇴직하게 되자 보험설계사로 변신을 하고 그동안 쌓아둔 인맥을 통하여 영업활동을 활발하게 했다. 60세가 넘은 나이에 아직 현역으로 활동하고 있다. H씨의 경우는 현직에서 업무와 연관된 IT기술에서 사업 가능성을 확인했다. 자기와 의견을 같이하는 동료와 회사 다니면서 구체적인 창업 준비를 했다. 회사에서 인원 구조조정 분위기가 나오자 동료와 함께 당당하게 사표를 쓰고 나와 창업을 했다. 회사를 견실하게 성장시킨 것은 물론 M&A를 통해 다른 회사를 인수하면서 확장해 나가고 있다.

대기업에서 퇴직 후 중소기업에 취업했다. 대기업에서의 직장 경험을 필요로 하는 중소기업은 여러 곳이 있었으며 그중 한 곳을 선택했다. 몸값은 많이 낮아졌지만 다시 월급 받는 직장인으로 돌아갔다. 이러한 과정은 대부분의 직장인들의 현실이 되었다. 기차로 바꾸어 말하면 KTX를 타다가 새마을이나 무궁화로 바꾸어 타야 하는 것이다. 그 다음은 무엇으로 갈아타야 하나 하고 생각하면 갈아탈 수 있는 기차를 안내해 줄 안내자는 없다. 이제 스스로 그나마 현직에 있을 때 자기계발을 하고 인생 2막을 위한 준비의 기회를 놓치면 안 되는 것이다.

2015년에 구본형 작가가 쓴 『그대, 스스로를 고용하라』는 책은 발간된 지 1개월 만에 6만 부나 팔리는 기염을 토했다. 작가는 "조직 속에 사는 조직인간에게 자기반성이나 자기표현은 중요하지 않다. 조직은 별도의 목적을 가지고 있다. 구성원은 그 목적을 위해 종사한다. 조직은 있고 개인은 없다. 충성이 곧 돈이고 승진이고 성장이다. 조직이 곧 개인의 명함이고 정체성이다. 그 속에서 개인은 스스로 내세울 만한 자기다운 전문성을 가지고 있지 못했다", "조직목표를 위해 나의 정체성을 감추고 개성을 억누르기보다는 자신에게 진실해지고 싶어 하는 시대가 도래했다", "원하는 일을 하며 그 속에서 의미를 찾는 것이 행복"이라고 말한다.

구본형 작가의 말은 직장인들 가슴에 와닿는다. 누구든 하고 싶지 않아서 안 하지는 않았을 것이다. 다만 현실에 안주하여 실행을 안 했을 따름이다. 여러분에게 묻는다. "현 직장에서 2년을 더 근무했을 때 나의 가치가 상승할 수 있을까?"라고 질문해 보라. "예."가 답이면 현 직장에서 더 근무를 해도 좋다. 만일 "아니오."라고 한다면 이직을 준비해야 한다. 나는 대기업에서 근무하면서 퇴직 시까지 항상 "예."라는 답을 갖고 근무해 왔다. 비록 구본형 작가가 얘기하는 조직 속에 사는 조직인간이었지만 후회하지 않는다. 여러분은 조직 속에 사는 조직인간으로 남을 것인가 아니면 그대 스스로를 고용하는 독립적인 인간으로 원하는 일을 하며 살 것인가를 선택해야 한다.

04

지금은 은퇴 아닌
반퇴 시대이다

> 모든 문제는 자신이 생각하는 것만큼 나쁘지 않을지도 모른다.
> 그리고 거기에는 언제나 길이 있다.
> - 리처드 브랜슨

"당신의 직장은 안녕하십니까?"

직장인은 아침에 출근하면서 "안녕하십니까?" 하고 서로 인사를 한다. 밤새 안녕이라는 말이 있다. IMF 외환위기 시절 구조조정으로 인해 하루가 다르게 회사가 없어지고 합쳐지고 직장인이 거리에 내몰리곤 했다. 이번에는 중국 우한발 코로나 바이러스-19(이하 '코로나19'라 한다) 영향으로 자고 나면 확진자가 다녀갔다고 영업점 문을 닫고 소독을 한다. 그리고 위험지역을 방문했거나 증상이 있는 사람은 자가 격리시킨다. 정부에서는 코로나19가 안정될 때까지 각종 행사, 모임이나 외출을 삼가라고 당부한다. 거리에는 사람들이 거의 다니지 않고 도로에는 차가 한산하다. 장사가 안 되니 자영업자가 폐업하고 직장인들이 실업자로 바뀌고 있다.

　네이버 지식백과에서 '은퇴'의 단어 뜻을 찾아보면 '직장이나 일을 그만두고 퇴직연금을 받거나 수입이 없는 상태 또는 1년 내내 직업이 없는 상태'라고 되어 있다. 부모세대에서는 직장에서 정년퇴임을 하게 되면 직장에서 퇴임행사도 크게 하고 온 가족이 퇴임식에 참석하여 축하해 주고 했다. 그렇게 은퇴한 후 아버지는 집에서 소일거리를 하며 시간을 보냈다. 아버지의 위엄도 그대로 유지된다. 자식들은 훌륭한 아버지를 모시고 살고 있다고 자부심을 가졌다. 그러나 백세 시대가 되면서 사회 분위기는 백팔십도 바뀌었다. 지금은 정년이 늘어 육십 세까지 근무한다지만, 지금 사십 대 직장인들은 정년퇴임을 해도 삼십 년 이상을 더 살아야 한다. 일할 수 있는 기운도 남아 있다. 자식들에게 정년퇴임했으니 이제 소일거리하면서 살겠다고 하면 아버지의 권위는 땅에 떨어지고 무능력한 아버지와 함께 있다고 미움을 받게 된다. 그래서 '반퇴 세대'라는 신조어가 생겼다. 퇴직을 해도 노후 자금이 부족해 재취업이나 창업을 통해 일을 해야 하는 세대를 말한다. 정년퇴임을 해도 자신의 노후를 위해 자금을 비축하지 못하고 자식들 교육비나 결혼자금을 대줘야 한다. 그래서 이 시대 아버지와 어머니들은 일을 찾아 밖으로 내몰리고 있다.

2019년 통계청이 발표한 자료에 따르면 55세~79세 고령층에서 65%는 일을 더 하고 싶다고 했다. 고령층 근로 희망연령도 평균 73세로 조사되었다. 그러나 가장 오래 근무한 일자리를 그만둘 때 나이는 평균 49.4세로 50세를 넘지 못한 것으로 조사되었다.

통계청 경제활동인구조사에 의하면 2019년 40·50대 비자발적 퇴직자는 48만 9,000명으로 나타났다. 2014년 55만 2,000명 이후 5년 만의 최대치를 나타내고 있다. 여기서 비자발적 퇴직자는 직장의 휴·폐업, 명예·조기퇴직, 정리해고, 임시 또는 계절적 일의 완료, 일거리가 없어서 또는 사업 부진 등에 해당하는 퇴직자를 말한다.

통계청 발표 자료에 의하면 우리나라의 반퇴 시기는 평균 49.4세로 은퇴를 원하는 평균 73세까지는 23.6년의 차이가 있다. 즉 퇴직 후 약 24년은 일을 더 하고 은퇴하기를 원한다. 그러나 자료에 의하면 비자발적 퇴직자는 계속 증가하고 있는 실태이다. 이러한 비자발적 퇴직자가 다시 일자리를 구하려면 일의 질이 떨어지고 연봉은 크게 떨어진다.

통계청 발표에 의하면 경제활동에 참가 중인 고령층 중 단순 노무 종사자가 24%, 서비스·판매종사가 23%를 차지했다. 고령층 10명 중 6명이 일하는 목적으로 생활비 충당이라고 답했다. 그리고 2018년 국민연금 수령자 비율은 45.9%이고 월평균 국민연금 수령액은 61만 원이었다.

올해의 경우는 코로나19로 인한 영향으로 더욱 상황이 악화될 것으로 예상된다.

이렇듯 대한민국 직장인의 현실은 암담하기만 하다. 따라서 노후의 삶의 질을 높이기 위해서는 직장인의 인생 2막 준비는 목숨 걸고 해야 하는 필연적인 것이다. 나의 경우에도 뒤늦게 퇴직 1년 전 사회복지사 자격증 공부를 하고 퇴직하면서 실습과정을 완수해서 자격증을 취득할 수 있었다. 중소기업에 재취업하면서 자격증은 관련이 없어졌지만 든든한 후원군으로 남아 있다.

말이 중소기업 재취업이지 인생 2막에 새로운 직장에 적응하는 것은 쉬운 일이 아니다. 선배 퇴직자들의 경우 빠르면 6개월이고 평균 1년 단위로 직장을 옮겨 다니고 있었다. 이직 사유로는 단기간 회사 기여도가 중요시되었다. 중소기업 대표가 대기업 퇴직자를 원하는 이유는 크게 4가지로 볼 수 있다. 첫째, 회사 매출에 영향력을 발휘해 주기를 바란다. 둘째, 사업과 관련된 기관의 사업관리 담당자와의 인맥 영향력을 원한다. 셋째, 회사 내의 장기 미해결 문제들을 해결해서 생산성을 향상시켜 주기 바란다. 넷째, 대기업 업무 시스템을 회사에 적용하여 업무효율이 증대되기를 바란다. 이 중에서 어느 하나라도 확실하게 주도적인 해결사 역할이 된다면 지속 근무가 될 수 있겠지만 그렇지 못한 경우가 대부분이다. 그리고 대표와의 코드 맞추기나 기존 인력과의 인간관계를 새로이 해야 하는 것은 많은 스트레스가 동반된다.

선배 퇴직자 중 제법 오래 근무한 E씨의 경우를 살펴보자. E씨는 입사 면접 시 회사 대표와 취업 후 업무진행방식 등 얘기가 잘되어 출발이 순조롭게 진행되었다고 한다. 직원이 적은 소기업으로 대표가 책임지고 해야 하는 재무와 회계를 제외한 모든 업무에 걸쳐 주도적으로 관여했다. 매년 업무를 진행하면서 책임감도 느끼고 위기를 잘 헤쳐나가면서 대표도 회사 운영에 만족해했다. 그러나 대표의 사업영역 확장 시도가 계획과는 어긋나기 시작했다. 이후 대표가 과제사업을 수주하여 갖고 오면서 추진방법에 있어서 대표와 의견이 어긋나기 시작했다고 한다. 한번 어긋나기 시작한 대표와의 코드는 결국 선배의 마지막을 예고하는 것이었다.

이렇듯 중소기업 재취업으로 직장 생활을 새롭게 시작하는 것은 쉬운 일이 아니다. 언제든 이직할 수 있다는 마음의 준비를 하고 있어야 한다. 그렇다 보니 인생 2막은 항상 불안하고 스트레스가 쌓여 건강까지 해치는 경우를 많이 듣게 된다. 이러한 과정에서 벗어나기 위해서는 현직에 있을 때 인생 2막 준비를 확실하게 하고 나와야 한다.

성공적인 인생 2막 준비의 대표적인 사례를 예로 들어 보자. 현직에 있을 때 S씨는 대학 시절 기사 자격증을 기반으로 직장 다니면서 공부를 병행하여 기술사 자격증을 취득했다. 한번 자격증 취득에 성공하니까 계속하여 유사 자격증에 도전하게 되었다고 한다. 추가로 공부할 과목이 줄어들어 어렵지 않겠다고 판단하고는 자격증을 취득하기 시작했다. 하나둘 취득하다 보니 퇴직할 때 기술사 자격증만 5개를 취득할 수 있었다. 퇴직 후에는 다양한 곳에서 마음껏 재능을 발휘하고 있다. 지역을 불문하고 대학을 옮겨가면서 대학교수로 다년간 근무를 했다. 지역 테크노파크에서 전문가로 근무도 했다. 여러 기관에서 스카웃 대접을 받으며 자기가 하고 싶은 일을 선택하면서 생활하고 있다. 최근 소식으로는 어느 기관의 시험연구소장으로 65세까지 보장된 임기로 근무하고 있다고 들었다.

유엔에서 재정립한 나이 기준을 보면 '미성년자 0세~17세, 청년 18세~65세, 중년 66세~79세, 노년 80세~99세, 장수노인 100세 이후'라고 정했다.

미국 시카고대 버니스 뉴가튼Bernice Neugarten 교수는 55세~74세를 젊은 노인Young Old, 75세 이상을 고령 노인Old Old으로 구분했다.

지금 40대인 여러분은 아직 청년에 속한다. 청년은 아직 마음속에 열정과 도전할 수 있는 힘이 비축되어 있다. 잊고 있었던 가슴속의 꿈을 꺼내어 가만히 생각해 보라. 현재의 직장인 의식은 버리고 꿈에 대한 비전을 상상해 보라. 상상이 되는가! 그러면 꿈에 대한 목표를 세우고, 세분화하고 작은 것부터 하나씩 달성해

보라. 그리고 성취감을 느껴 보라! 당신의 꿈을 향해 계속 밀고
나가라.

 중소기업 대표가 대기업 퇴직자를 원하는 이유 4가지

첫째, 회사 매출에 영향력을 발휘해 주기를 바란다.

둘째, 사업과 관련된 기관의 사업관리 담당자와의 인맥 영향력을 원한다.

셋째, 회사 내의 장기 미해결 문제들을 해결해서 생산성을 향상시켜 주기
　　　바란다.

넷째, 대기업 업무 시스템을 회사에 적용하여 업무효율이 증대되기를 바
　　　란다.

05

익숙한 것에서
벗어나는 연습을 하라

만약 당신이 한 번도 두렵거나 굴욕적이거나 상처 입은 적이 없다면,
그렇다면 당신은 아무런 위험도 감수하지 않은 것이다.
- 줄리아 소렐

직장인은 반복적인 일상에 길들여져 있다. 매일 같은 시간에 눈 비비면서 일어나 씻고 밥 먹고는 겨우 회사 출근시간에 맞춰 출근을 한다. 출근을 하면 동료들과 인사를 나누고 상사와 아침 미팅을 한 후 커피 한잔하고 반복적인 업무를 수행한다. 점심시간이면 각자 모습이 각양각색이다. 식사하고 운동 삼아 운동장을 걸으며 잡담하는 사람, 피트니스에 가서 러닝머신을 하거나 근육을 키우는 사람, 긴급한 업무로 일을 하고 있는 사람, 어제 늦게까지 술을 마시고 잠이 모자라서 잠을 자는 사람, 커피 마시면서 잡담하는 사람, 그중에 책을 읽는 사람이 간혹 있다. 오후에는 그

날 해야 할 업무를 마무리하고 퇴근시간이 되면 상사 눈치를 살짝 보고는 퇴근한다. 내일도 비슷한 일상이 반복된다.

옛말에 '첫 단추를 잘 끼워야 한다'는 얘기가 있다. 첫 직장은 군을 고객으로 하는 특수 업종이었다. 처음 연구소에 배치되어 개발 프로젝트에 참여하게 되었다. 개발 프로젝트는 나를 끌어들이는 이상한 매력이 있었다. 대기업 30년 근무를 계속 개발 프로젝트들과 함께했다. 부품설계에서부터 완제품이 나오기까지는 많은 과정을 거쳐야 하고 개발인력이 하나에서 열까지 실수가 없도록 관리를 해야 한다. 현장에서 부품을 제작하고, 완제품을 조립한 후 성능시험을 한다. 제품이 완벽하다고 판단되면 검사관 입회하에 시험평가를 실시한다. 그리고 나서 적합 판정이 난 후 고객으로부터 구매요구가 있어야 사업승인 지시가 떨어지고 양산에 들어간다. 사업승인이 나면 개발에 참여한 인력들은 해냈다는 성취감을 느낀다. 서로가 서로에게 "수고했다." 하며 축하해 주고 성공의 기쁨을 나누게 된다. 첫 개발 프로젝트에 참여하여 성공의 기쁨을 맛보기까지 약 5년의 기간이 걸렸다. 개발과정에 설계가 잘못되었다고 판단하여 재설계하는 과정도 있었다. 회사와 노조 간 협상이 깨지면서 3개월 넘게 중단된 적도 있었다. 프로젝트가 성공하게 되면 개발 중에 발생했던 많은 일들이 눈앞에 선하게 떠오르면서 해냈다는 성취감을 느끼게 된다. 개발 프로젝트에서 중요한 성공요인은 개발에 참여한 담당자들의 '하면 된다'

는 열정과 도전정신이 밑바탕이 된다.

직장 생활 7년차에 전직을 했다. 전 회사에서 개발 프로젝트가 완료되고 신규 프로젝트 수주가 없어서 일이 있는 곳으로 온 것이다. 처음에는 회사 문화가 달라 익숙해지는 데 시간이 필요했다. 취급하는 제품도 규모의 차이가 있어서 당황스러웠다. 하지만 엔지니어 기술의 기초는 동일한 내용에서 출발하므로 금방 적응이 된다. 가장 힘든 부분은 인간관계다. 새로운 인력과 인간관계를 다시 시작해야 된다. 서로 술잔을 기울이며 알아가면서 익숙해지기까지 조심스럽다. 전직 후 적응은 그렇게 시작했다. 이곳에서 많은 개발 프로젝트에 참여했다. 개발 프로젝트에 참여하고 성공할 때마다 성취감을 느꼈고 직장 생활에 대한 동기부여가 됐다. 프로젝트에는 당시 업체 최초로 경쟁사와 경쟁 프로젝트도 있었고, 명품 프로젝트도 있었다. 개발 당시에는 명품이란 말이 없었지만 개발 완료 후 양산제품이 고객에게 인도되면서 명품이란 말이 붙여졌다. 제품이 방송에 많이 오르내렸기 때문에 대부분의 사람들은 금방 알 수 있는 제품이다.

개발 프로젝트의 매력에 빠져 직장 생활을 하다 보니 자기계발은 뒷전이었다. 인생 2막을 준비해야 한다는 것은 정년 2년 남겨놓고서야 발등에 불이 떨어진 것을 느끼면서 깨달았다. 일찍 깨어 있는 동료들은 이미 IMF시기에 동료들이 타 지역 사업장으로 배치되는 것을 보면서 창업을 준비하고 나가기도 했다. 대부분의 직장인들은 회사 생활의 달콤함 때문에 익숙한 것에서 벗어나려는 생각을 하지 않고 있다. '선배사원들이 정년까지 근무했으니 어떻게든 자신도 현 직장에서 정년까지 버티면 되겠지' 하고 마음먹는지도 모른다. 이러한 경우는 특수 업종에 해당하는 특이한 경우이다. 40대 직장인, 여러분에게는 정년까지 보장해 주는 직장도 없을 뿐더러 60세까지 근무하고 퇴직한다 해도 30년 이상의 인생 2막이 기다리고 있다.

통계청 경제활동인구조사에 의하면 2019년 40·50대 비자발적 퇴직자는 48만 9,000명으로 나타났다. 2014년 55만 2,000명 이후 5년 만의 최대치를 나타내고 있다. 여기서 비자발적 퇴직자는 직장의 휴·폐업, 명예·조기퇴직, 정리해고, 임시 또는 계절적 일의 완료, 일거리가 없어서 또는 사업 부진 등에 해당하는 퇴직자를 말한다.

2020년 2월 10일자 한국경제신문을 보면 '한국노동조합총연맹이 구조조정대응 매뉴얼을 내놨다'고 크게 보도하고 있다. 한국노총이 구조조정대응지침을 배포한 것은 글로벌 금융위기 직후인 2009년 이후 11년 만이다. 다른 말로 표현하면 제조업 불황으로 한국노총에서 11년 만에 감원 대응방안을 내놨다는 것이다.

40대 직장인, 여러분은 더 이상 지체할 여유가 없다. 회사에서 구조조정의 칼날은 항상 당신을 향하고 있다. 자신은 아니겠지 하는 것은 당신만의 생각이다. 회사는 당신의 능력을 인정해서

봐주거나 당신과 같은 생각에 따라 움직이는 곳이 아니다.

뉴턴의 관성의 법칙을 잘 알고 있을 것이다. 물체에 가해지는 힘은 질량에서 가속도를 곱한 것이다. 속도는 힘에 비례하고 질량에 반비례한다. 속도는 질량에 반비례하기 때문에 동일한 힘을 가해도 질량이 두 배면 움직이는 속도는 반으로 줄어든다.

직장인들은 세월이 흘러갈수록 질량이 늘어난다. 따라서 변화하는 속도는 계속 줄어든다. 나도 7년 만에 전직이라는 변화가 있었다. 그 후로는 질량이 늘어나 변화하려는 움직임이 없었다. 직장인은 자극이 없으면 변화하지 않거나 변화하더라도 의지가 없고 원상태로 돌아오게 된다. 이것은 조직에도 똑같이 적용된다. 그래서 회사에서는 조직에 새로운 에너지를 불어넣기 위해 매년 변화를 주기 위한 노력을 한다. 예를 들면 동기부여 강사를 초빙하여 강연을 한다거나, 교육에 참여하게 한다거나, 매년 경영현황설명회를 실시하여 회사의 비전을 제시한다. 그러나 10년 차 된 직장인들에게는 이 모든 것이 너무나 익숙해 있다. 어지간한 충격에는 반응을 하지 않게 된다. 다음과 같은 우화가 있다.

어느 날 개구리 한 마리가 시골길에 나 있는 꽤 큰 구덩이에 빠졌다. 개구리가 구덩이 밖으로 나오기 위해 필사적으로 노력했지만 허사였다. 조금 후 토끼가 이 광경을 보았다. 토끼는 개구리가 나오도록 도와주었으나 역시 허사였다. 숲 속의 여러 동물들도 도와주려 애를 썼지만 실패했고 결국 동물들은 아쉬워하며 집으로 돌아갔다. 그런데 잠시 후 그 개구리가 헉헉거리며 따라오는 것이 아닌가?

"우리는 네가 구덩이에서 빠져나올 수 없다고 생각했는데 도대체 어떻게 되었지?"
"말도 마. 난 나올 수 없었지. 그런데 너희들이 떠난 후 구덩이 안으로 뱀 한 마리가 굴러 떨어졌지 뭐야?"

지금 40대 직장인들에게는 개구리가 구덩이에서 빠져나올 수 있게 된 것처럼 극약처방이 필요하다. 직장 생활의 익숙한 환경에 젖어 안락한 생활만 하고 있기에는 시간이 없다. 성공은 변화의 몸부림에 의해 자신에게 주어지는 인생의 열매이다. 명언 중에 "인내는 쓰다. 그러나 그 열매는 달다."라는 말이 있다. 지금 40대 직장인들이 인생 2막에 열매의 단맛을 느끼기 위해서는 지금 인내의 쓴맛을 체험하고 실행에 옮겨야 한다. 자신에게 맞는 콘텐츠를 찾는 데 노력해야 한다. 자신에 맞는 콘텐츠를 위한 자기계발에 착수해야 한다. 직장을 나올 시점에는 그동안 자기계발을 해온 콘텐츠를 활용하여 돈이 들어올 수 있는 시스템이 구축되어 있어야 한다. 퇴직 10년 전, 5년 전 시작한 자기계발이 당신의 인생 2막을 좌우한다.

06

당신은
누구보다 당신을 잘 알고 있다

자기 신뢰가 성공의 제1의 비결이다.
- 랄프 왈도 에머슨

"여러분은 여러분 자신에 대해 얼마나 알고 있습니까?"

직장이든 일상이든 생활하면서 항상 긴장을 늦추지 않았다. 항상 어떤 일에 대한 생각을 계속하고 있다. 어쩌면 직장 생활에서 굳어진 습관이라고 할 수 있다. 직장에서는 프로젝트 관리자로서 한 치의 실수도 하지 않으려는 강박관념이 자리 잡고 있었다. 아침에 직원들보다 일찍 출근해서 업무정리를 한다. 전날 퇴근 시에도 오늘 할 일을 미리 정리하지만 빠진 것은 없는지 다시 확인해 본다. 그리고 밤사이 변경된 업무내용이 없는지 확인한다. 그렇게 하고 나서 직원들과 회의를 하면서 해야 할 일을 지시도 하고 신규 업무에 대하여 토의하여 업무배분도 한다. 프로 바둑기사는 바둑을 두면서 몇 십 수 앞을 계산해 보고 바둑알을 놓는다. 프로젝트 관리자는 프로젝트가 진행되는 과정을 보면서 발생할 수 있는 일을 예측하고 대비해야 한다.

　대학을 졸업하고 군 입대하게 되었다. 논산훈련소에서 훈련을 마치고 주특기 후반기 교육을 받았다. 나는 체구도 작고 다리도 짧고 폐활량이 좋지 않아 달리기를 잘하지 못한다. 대학예비고사 체력장 항목에 1km를 3분 20초 내에 들어와야 만점인 장거리 달리기 항목이 있는데 시간 내에 들어오지 못했다. 군 입대하는 데 가장 걱정되었던 것이 달리기다. 논산훈련소에서 훈련받을 때 조교들이 많이 시키는 것이 선착순이다. 아무리 눈치 빠르게 움직여도 꼴찌는 아니지만 뒤에서 몇 번째 한다. 자대배치 되면 완전군장하고 부대 밖으로 나와 6km를 뛴다는 얘기를 들었다. 군대는 단체로 움직이고 기합도 단체로 받기 때문에 내가 못해서 같이 기합받는 것은 상상하기도 싫었다. 후반기 교육을 마치고 자대배치를 받는데 내 이름이 불리지 않았다. 이름 부르지 않은 인원이 여섯 명이 있었다. 조교가 남은 인원은 방공포 부대로 간다고 했다. 내가 군 생활할 때는 방공포가 육군소속이었다. 조교는 줄을 잘 선 행운아들이라고 했다. 자대배치 후 전역할 때까지 완전군장 달리기는 없었고 소총을 잡고 뛰는 단독군장으로 6km 달리기를 딱 한 번 실시했다.

　전직 후 과장 승진은 삼 년이 지난 후였다. 누군가 고과를 잘 받으면 누군가는 상대적으로 고과에 피해를 보게 되어 있다. 한 번 잘못 받은 고과등급은 최소 삼 년간 승진에 영향을 준다. 만회하기 위한 것도 있지만 열정적으로, 도전적으로 맡은 프로젝트 업무를 착실하게 완수했다. 낙심하지 않고 열정적으로 일하는 모습에 응원해주는 상사 및 임원의 평가에 의해 최단기간 만회하고 과장승진을 했다. 이 경험으로 승진이 늦어지는 직원들의 심정이 어떠한가 하는 것을 잘 알게 되었다. 부서에서 승진축하 회식이 있었다. 승진자만이 아니라 모두들 들뜬 기분이었다. 승진축하 회식이라고 한우숯불고기 식당에서 했다. 승진자는 직원들이 주는 술잔을 돌아가면서 받게 된다. 식사를 마치고 이차 장소로 가기 위해 차에 타면서 "나를 따르라!"라고 말했다.

　명품 프로젝트가 양산으로 이관되자 많은 개발인력이 타 지역 사업장으로 전배되었다. 또 몇 명은 창업아이템을 들고 창업한다고 퇴직을 했다. 그래도 여유인력을 해소하기 위해서 신규 프로젝트를 창출해야 했다. 파트장 간에 업무분장을 하는데 내가 신규 프로젝트 창출업무를 맡게 되었다. 명품이 고객에게 인도된 후 운용실적에 대한 데이터를 수집해서 분석하는 업무내용으로 신규 프로젝트를 창출해야 했다. 프로젝트 창출과정은 순탄치 않았다. 팀장과 내가 고객을 찾아가 프로젝트의 필요성을 설명했으나 고객은 아직 시기상조라는 의견이었다. 그러나 외국의 사례를 보거나 명품이 명품으로 나아가기 위해서는 반드시 필요한 과정이었다. 고객 설득에 진을 빼고 있을 때 다행히 프로젝트 내용의 진의를 알고 있는 고객의 후원으로 프로젝트 창출에 성공했다. 이때 다시 "나를 따르라!"라고 하며 깃발을 흔들었다. 신규 프로젝트는 이제까지 추진하던 업무방법과는 달리 아무도 해본 경험이 없기 때문에 모험이 뒤따랐다. 프로젝트 진행 과정도 쉽지 않았다. 초기 데이터만 갖고는 고객을 만족시킬 수 있는 내용이 부족했다. 하지만 고객의 불만족스러운 평가에도 흔들리지 않고 팀원들과 함께 열정과 도전으로 프로젝트를 추진해 나갔다. 프로젝트 일차 종료 시까지도 분석된 내용평가는 미흡했다. 그러나 일차 종료 후 데이터 수집, 분석 프로젝트는 이차 삼차 계속되어 데이터가 많이 쌓여야 성과가 나온다고 고객을 설득했다. 이 프로젝트는 계속되었고 성과가 서서히 나오기 시작했다. 나의 퇴직 후에도 프로젝트는 계속되었다. 특히 명품을 수출하는 데 있어서 바이어와 협상 시 프로젝트에 대한 성과가 진면목을 나타냈다.

직장 생활을 하는 가운데 이미지 관리를 위한 일곱 가지를 실천해 왔다. 첫째, 첫인상이 모든 것을 결정한다. 첫인상은 소통의 시작으로 한번 잘못 보이면 쉽게 바뀌지 않는다. 둘째, 표정이 외모보다 중요하다. 사람을 평가하는 데는 외모보다 표정에 의해 판단된다. 얼굴에 미소 짓는 연습을 한다. 셋째, 자존감을 갖고 행동한다. 자신을 아낄 줄 알아야 상대방도 아낄 줄 안다. 넷째, 긍정적인 마음으로 신뢰를 구축한다. 긍정적인 마음의 소유자라야 받아들일 수 있는 마음의 여유를 갖게 되고 상대방에게 신뢰를 준다. 다섯째, 자신감이 있어야 설득력이 있다. 자신감 있는 모습은 상대방에게 무언의 설득력을 준다. 여섯째, 열등감을 버리고 자신의 일을 즐긴다. 열등감은 자신의 일을 즐기는 데 방해가 된다. 휴지통에 넣어서 영구삭제 한다. 마지막으로 상대방을 존중하는 마음을 갖는다. 상대방의 단점보다는 장점을 찾고 존중하는 마음으로 대한다.

매년 설 명절, 추석 명절 그리고 연말연시가 되면 직원들뿐만 아니라 외부 고객과 지인들에게 메일, 문자나 카톡으로 안부를 전달하는 것이 습관이 되었다. 특히 연말에는 몇몇 지인에게는 우체국 연하카드를 사서 직접 손으로 연말연시 인사말을 적고 보냈다. 이러한 사소한 소통은 퇴직 후에도 이어졌다. 업무와 연관이 없었지만 꾸준한 소통은 상대방과의 신뢰로 이어진다.

이제 당신의 얘기를 해보자! 당신의 삶도 누구 못지않게 힘들게 살아왔을 것이다. 집안이 부유하지 못해서 부모님 용돈을 드려야 할 것이다. 아파트 관리비 하며 아이들 과외비에 각종 보험료를 제하고 나면 살림이 넉넉하지 못해 돈에 쪼들리며 살고 있을지 모른다. 아이들에게 좋은 옷 입히고, 좋은 신발 사 주고 싶은데 마음뿐이고 이월상품 코너에서 물건을 고르고 있을지 모른다. 월급이 넉넉하지 못한 중소기업에 다니고 있을지 모른다. 매일 반복되는 업무와 스트레스에 똑같은 하루를 보내고 있을지 모른다. 박현찬 작가의『원칙 있는 삶』에서 아래와 같은 대화가 나온다.

"꼭 이루어야 하는 일이라면 반드시 원칙을 지키게. 그리고 원칙을 기준으로 삼아 죽을 만큼 최선을 다하게나. 그러면 때때로 소망하는 일 그 이상을 이루게 되지. 이것이 바로 위대함에 이르게 하는 원칙의 힘이라네. 또한 그것은 모든 일을 이루는 우주의 법칙이기도 하지."

이 책을 읽는 독자들은 직장에 있을 때 인생 2막을 준비해야 한다는 말을 많이 들었을 것이다. 그리고 이제는 평생직장이 아니며 평생 직업을 가져야 한다고. 그런데 평생현역으로 사는 법이 있다니 궁금해서 책을 펼쳤을 것이다. 이 꼭지는 당신이 인생 2막 준비를 위해 자신을 돌아보고 구체적으로 분석해 보라고 얘기한다. 지금 자신이 좋아하는 일을 하고 있는지 아니면 한 가정의 가장이라는 핑계로 마지못해 직장을 다니고 있는 것은 아닌지. 마흔 직장인이 되도록 자신의 삶에 기준이나 원칙을 갖고 생활해 왔는지 생각해 보라. 저자는 저자만의 관리방법을 갖고 생활해 왔고, 프로젝트가 좋아서 좋아하는 일을 했다고 얘기하고 있다. 당신은 어떤가? 지금이라도 당신의 삶에 원칙을 세워 보고 당신의 삶을 즐기기 바란다.

직장 생활 이미지 관리를 위한 일곱 가지

첫째, 첫인상이 모든 것을 결정한다.

둘째, 표정이 외모보다 중요하다.

셋째, 자존감을 갖고 행동한다.

넷째, 긍정적인 마음으로 신뢰를 구축한다.

다섯째, 자신감이 있어야 설득력이 있다.

여섯째, 열등감을 버리고 자신의 일을 즐긴다.

일곱째, 상대방을 존중하는 마음을 갖는다.

07

책 쓰는 직장인이
느는 이유

매일 글을 써라. 강렬하게 독서해라.
그리고 나서 무슨 일이 일어나는지 한번 보자.
- 레이 브래드버리

"인생은 짧고 예술은 길다."

초등학교 시절 아버지가 열 가지의 명언이 적힌 액자를 방에
걸었다. 전셋집 방은 두 개이고 방 하나는 작업장으로 사용했다.
나머지 방이 하나밖에 없었기 때문에 액자가 매번 눈에 보이게
된다. 그중에 두 가지의 명언이 마음에 담겨 있다. 하나는 "인내
는 쓰다. 그러나 그 열매는 달다."이고 다른 하나는 바로 "인생은
짧고 예술은 길다."이다. 직장 생활을 하면서 참고 또 참을 수 있
었던 인내는 바로 초등학교 시절 매일 보던 명언이 마음속에 자

리 잡고 있었기 때문일 것이다. '인생은 짧고'의 의미는 부모님 세대처럼 수명이 평균 60세라고 하던 시대이다. 그래서 60세가 되면 환갑잔치를 크게 했다. 하지만 아버지는 85세에 돌아가셨고 어머니는 80세까지 가게 일을 하셨으며 올해 88세이다. 이처럼 수명이 연장되고 있다.

이제 40대 직장인의 경우 평균 수명이 100세까지 갈 수 있다. 교통사고나 재해 그리고 못 고치는 병에 걸려 시한부 인생이 아니면 100세까지 살 수 있다는 얘기다.

기업에도 수명이 있다. 동아비즈니스리뷰 2019년 12월 자료에 따르면, 코스피 상장기업 기준으로 본다면 2006년 33년이었던 기업의 평균수명이 최근에는 29년으로 4년 감소했다. 비상장 기업까지 포함하면 평균 수명은 11년으로 뚝 떨어진다.

2019년 10월 국회 기획재정위원회 소속 김경협 의원에 따르면, 국세청에 신고한 부가가치세를 기준으로 법인사업자를 제외한 개인사업자의 폐업현황을 분석한 결과 전국의 개업 자영업자 756만 5,501명 중 폐업한 자영업자는 83만 884명으로 2018년 자영업자 폐업률은 10.98%로 나타났다.

대표적 자영업종인 '치킨집'이 최근 4년간 창업보다 폐업이 많은 것으로 집계됐다. 2019년 6월 KB금융그룹이 발표한 'KB 자영업 분석 보고서'에 따르면, 2019년 2월 현재 전국적으로 약 8만 7,000개의 치킨집이 영업 중이며, 창업은 2014년 9,700개에서 2018년 6,200개로 감소한 반면 폐업은 매년 8,000개 이상 꾸준히 발생하는 것으로 분석했다. 또한 2015년 이후 4년간은 폐업 매장 수가 창업 매장 수를 넘어선 것으로 나타났다.

남자 직장인의 경우 대학 졸업하고 군 복무를 마친 후 신입사원으로 들어와서 정년 60세까지 약 33년간 근무한다고 볼 수 있다. 그러나 상장기업의 경우에도 최근 평균 수명이 29년이다. 비상장 기업까지 포함하면 11년밖에 안 된다. 그리고 통계청 발표 자료에 의하면 직장인의 반퇴 시기는 평균 49.4세이다.

퇴직 후 자영업을 하고 싶어도 창업비용이 많이 들고 경험이 없어서 실패의 두려움 때문에 쉽게 하지 못한다. 퇴직자들이 가장 많이 시작하는 치킨집의 경우 포화상태를 넘어 폐업 매장이 창업 매장보다 늘어나고 있다.

이처럼 직장인은 퇴직 후 삶에 불안감을 갖고 생활을 하고 있다. 정년 60세에 퇴직해도 30년 이상, 반퇴 시기에 나온다면 40년 이상의 인생 후반이 기다리고 있다. 그래서 특히 40대 직장인은 직장에서 오래 버티기 위해 많은 스트레스를 받으면서도 하소연할 곳이 마땅치 않다. 상사의 눈치를 보기도 하고 밑에서 올라오는 부하 직원에게 능력 있는 선배로 보이기 위해 자기계발을 해야 한다. 능력이 안 되면 무능한 선배라고 꼰대 소리를 듣는다.

인생 후반의 시간은 경제적 여유만 있다고 편히 지낼 수 있는 것이 아니다. 직장에서 맺어진 인맥들도 당신에게서 하나둘 멀어지기 시작한다. 여행을 다니는 것도 한계가 있다. 친구들도 당신의 시간에 맞춰 놀아주지 않는다. 가족도 하루 이틀이지 삼식이가 된 당신을 밖으로 내보내려고 한다. 당신은 꾸준히 할 수 있는 취미나 업을 찾아야 한다. 평생 현역으로 할 수 있는 일이 당신에게 필요하다.

당신도 책을 읽으면서 한 번쯤은 책을 쓰고 싶다는 마음을 가졌을 것이다. 어린 시절 부모가 책을 읽어주면서 똑똑한 아이로 커주기를 바란다. 책을 많이 읽고 지식을 넓히라고 전집 세트를 사서 책꽂이 가득 채우기도 한다. 어릴 적 꿈이 책 쓰는 작가나 예술가였는지도 모른다. 그러나 부모가 작가나 예술가의 삶은 가난하고 힘들다 해서 진로를 바꾸게 되었는지도 모른다. 책은 아무나 쓰는 것이 아니라고 배웠다. 석·박사나 교수들, 혹은 성공한 사람들이 책을 쓰는 것이라고 알고 있다. 그래서 당신은 어느것도 아니므로 책을 쓸 수 없다고 단정해 버린다. 하지만 아니다. 김태광 작가는 『10년차 직장인, 사표 대신 책을 써라』에서 "10년차 직장인이면 자신의 업무에 대해 해박한 지식과 전문성, 노하우를 가지고 있다. 그것을 토대로 신선한 주제나 콘셉트로 연결시켜 책을 쓰면 된다."라고 말한다. 책에는 여러 장르가 있다. 당신이 잘하는 장르의 책을 쓰면 된다. 그것이 자기계발서가 될 수도 있고, 경영서나 리더십 관련 책이 될 수도 있다. 혼자 하기 어려우면 외부에 책 쓰기 코치들이 많이 있다. 당신의 실행력이 부족할 따름이다. 직장인은 회사에 시간을 팔고 월급을 받는다. 월급을 받으면서 할 수 있는 자기계발을 하기 원한다. 그래서 인생 후반의 삶을 위한 자기계발로 책을 쓰는 직장인이 늘고 있는 것이다.

직장인이 책을 쓰면 좋은 이유를 여섯 항목으로 정리해 보았다.

첫째, 책을 쓰게 되면 저절로 자기계발이 된다. 책을 읽는 것이 아니라 직접 한 권의 책을 쓰려고 하면 많은 자료를 찾고 수집하게 된다. 자료수집 과정에서 저절로 자기계발이 된다. 직접 책을 쓰게 된다는 것은 당신이 경험한 지식과 노하우의 폭을 넓혀주게 되어 가치가 있는 자기계발이 된다.

둘째, 자기 업무와 연관된 책을 쓰게 되면 자신의 가치를 더욱 높일 수 있다. 당신이 쓴 책으로 인해 당신의 전문성을 인정받게 된다. 회사에서도 당신을 재평가하게 되고 존재감이 드러나면서 퇴직 기한이 연장된다. 당신의 세운 계획안에 회사가 들어오게 된다.

셋째, 사내·외에 미치는 영향력이 커진다. 회사 내에서는 당신이 최고 전문가라는 영향력을 발휘하게 된다. 사외적으로는 책 그 자체가 홍보 역할을 하게 되며 방송국이나 관련 미디어에 당신의 존재감을 알리게 된다.

넷째, 저자의 개인 브랜딩을 하게 된다. 책을 쓰면 당신의 이름이 브랜딩이 된다. 당신을 위한 홍보는 책이 해주며 저자에 대한 신뢰감을 높여 준다. 회사에 근무하면서 당신의 존재감도 올라가고 덩달아 당신의 가치도 올라간다.

다섯째, 인생 후반 새로운 기회가 열리게 된다. 책은 당신의 꿈에 한층 가깝게 갈 수 있도록 도와준다. 책을 출간하게 되면 학교, 교육기관, 기업, 그리고 방송국 등에서 강연 요청이 오게 된다. 작가, 강연가의 새로운 인생을 살 수 있는 기회가 되는 것이다.

여섯째, 누군가에게는 자기 인생의 한 권의 책이 될 수 있다. 책이 출간되면 책을 읽는 누군가는 꿈을 찾게 될지도 모른다. 당신과 같은 직장인이 될 수도 있고 같은 고민을 하고 있던 누군가가 될 수도 있다. 책에는 당신의 지식과 경험이 담겨 있으므로 누군가의 인생에 영향을 미칠 수 있는 것이다.

당신도 왜 직장인이 책을 쓰고 있는지 이해하게 되었을 것이다. 일반 직장인이 많이 하는 외국어나 업무능력 향상을 위한 자기계발도 해야 한다. 당신은 이제까지 서점이나 도서관에서 책을 읽는 독서가로 살았다. 인터넷 서점에서 베스트셀러를 검색하거나 신간 도서를 검색하고 취향에 맞는 도서를 구매하여 읽는 독서가였다. 감명 받은 책의 저자가 어떤 사람인지 저자 사인을 받고 싶어 했다. 만일 당신이 책을 쓰게 되면 당신의 위치가 바뀌게 된다. 이제 당신이 쓴 책이 서점이나 도서관에 전시되어 독자를 기다린다. 가족과 친구 및 지인들이 출간된 책을 보고 놀라워한다. 이처럼 책을 쓰고 난 다음 달라진 자신의 모습을 상상하면 가슴이 뛰고 벅차오르게 된다. 책은 인생 후반 당신을 위한 멋진 인생의 동반자가 된다.

 직장인이 책을 쓰면 좋은 이유 6가지

첫째, 책을 쓰게 되면 저절로 자기계발이 된다.
둘째, 자기 업무와 연관된 책을 쓰게 되면 자신의 가치를 더욱 높일 수 있다.
셋째, 사내·외에 미치는 영향력이 커진다.
넷째, 저자의 개인 브랜딩을 하게 된다.
다섯째, 인생 후반 새로운 기회가 열리게 된다.
여섯째, 누군가에게는 자기 인생의 한 권의 책이 될 수 있다.

하루라도
일찍
시작하는 것이
유리하다

마흔,
인생 2막을
평생 현역_{으로}
사는 법

01

하루라도 일찍
시작하는 것이 유리하다

사람을 강하게 만드는 것은
하는 일이 아니라 하고자 하는 노력이다.
- 어니스트 헤밍웨이

직장인은 규칙적인 생활에 적응이 되어 있다. 회사에서 정해놓은 근무규정을 익히고 자신의 업무에 적용되는 규정을 찾아 숙지한다. 업무의 대부분은 선배 직장인이 하던 방식대로 일을 하면 된다. 그렇게 하다 보면 하루가 지나가고 또 하루가 간다. 한 달이 지나면 회사에서 월급이 나오고 생활하는 데 어려움이 없다. 이러한 생활에 익숙해지면 변화의 필요성을 못 느낀다. 계속해서 월급이 나오고 생활에 이상이 없을 것이라고 생각해 버린다. 한 치 앞을 내다볼 수 있는 감각이 무뎌지는 것이다. 동료들을 봐도 똑같은 생각으로 일하고 있는 것처럼 보인다. 사회는 빠른 속도로 변하고 있는데 정작 자신은 바쁜 업무 속에 파묻혀 자기계발은 뒷전이다.

반면에 자기계발을 열심히 하고 있는 직장인이 있다. 외국어 능력 향상, 건강관리, 자기분야 업무능력 향상, 그리고 자격증 취득을 위한 것이다. 자기계발을 하고 있는 이유는 이직이나 전직을 위한 것이 많다. 업무가 자기 적성에 맞지 않는다든가, 회사에서 인간관계에 어려움이 있다거나, 승진 누락 아니면 상사와의 의견충돌 등에 의한 심각한 상황이 자기계발로 이어지는 경우가 대부분이다. 동료의 경우를 보더라도 상사와의 의견충돌이나 승진 누락에 반감을 갖고 퇴직하는 사례가 많다. 직장인의 자기계발은 대부분 현직에 충실하기 위한 내용들이다.

통계청 발표 자료에 의하면 직장인의 반퇴 시기는 평균 49.4세로 나타났다. 마흔 직장인에게는 10년 정도의 준비기간이 남아 있는 셈이다.

취업포털 사람인에서 2014년 직장인 1,093명을 대상으로 '자기계발 현황'을 조사한 결과에 의하면 '퇴직 이후를 준비하기 위해서'는 9.4%로 조사되었다. 직장인 열 명 중 한 명만이 퇴직 이후를 준비하고 있는 것이다.

프로젝트를 시작하기 전에 계획을 세우게 된다. 기법으로는 주로 간트 차트Gantt chart를 사용한다. 간트 차트는 프로젝트의 일정을 편리하게 관리하기 위한 바bar 형태의 도구이다. 프로젝트의 주요 활동을 확인하고 시작하는 시점과 끝나는 시점을 막대 모양으로 연결하여 각 활동의 일정을 표시하며 전체 일정을 한눈에 볼 수 있다. 프로젝트의 주요 활동이 광범위하여 복잡하게 연결되는 경우에는 간트 차트로 관리하기에 미흡하다. 이러한 경우에는 퍼트PERT 기법을 사용하게 된다. 퍼트는 특정 프로젝트의 일정과 순서를 계획적으로 관리할 수 있다.

기업이 수익성을 높이기 위해서는 비용절감이 중요하다. 퍼트는 시간절약을 통해 비용절감을 하게 한다. 프로젝트를 기간 내에 완성하기 위해 각 작업의 시간소요 추정 또는 그 진행 상태를 평가하기 위해 개발된 기법이 퍼트다. 퍼트의 장점은 첫째, 계획공정net work을 작성하여 분석하므로 간트 차트에 비해 작업계획을 수립하기 쉽고 변화에 쉽게 대처할 수 있다. 둘째, 계획공정의 문제점을 명확히 종합적으로 파악할 수 있으며, 중점관리가 가능하다. 셋째, 시간을 단축할 수 있어 비용이 절감된다. 넷째, 팀원 전원이 참가하게 되므로 의사소통이나 정보교환이 용이하여 보고제도가 확립되고 팀워크가 좋아진다. 다섯째, 인원이나 특수 설비처럼 제한된 자원을 주 공정에 배치하여 모든 작업을 주 공정의 진행을 기준으로 배치할 수 있다. 여섯째, 세부계획 분석이 가능하다.

프로젝트를 시작하기 전에 간트 차트를 사용할 것인지 퍼트 기법을 사용할 것인지 판단하고 일정계획을 수립한다. 프로젝트 일정계획을 수립하는 데는 많은 노력과 시간이 요구된다. 일정계획을 수립하는 데 들어간 시간만큼 프로젝트 완성도에 영향을 준다. 주요 활동을 파악하고 그 하부의 활동을 세분화하여 작성한다. 활동 내용을 하나하나 빠짐없이 찾아내어 기록하는 것이 중요하다. 누구나 알고 있고 중요하지 않다고 생각하는 사소한 활동이 누락되어 일정계획의 차질이 생기는 경우가 많다. 부품 제작이 완성되어 조립되는 과정에 볼트나 너트, 와셔 같은 부품이 구매가 누락되었거나 수량이 부족하여 일정에 차질이 생긴다. 누군가는 밖에 널려 있는 공구 가게에서 금방 사오면 되지 하겠지만 품질인증을 할 수 없으므로 적용할 수 없다. 특수 업종에 사용되는 부품은 흔한 볼트나 너트, 와셔 하나까지도 규격에 맞는 것을 사서 문서로 입증해야 한다. 모든 것이 시간이 요구되는 작업이다.

이러한 이유로 인하여 프로젝트 일정계획을 수립할 때 실제 요구되는 완료일정보다 일찍 끝낼 수 있도록 일정계획을 수립한다. 계획에 실수가 있더라도 만회할 수 있는 여유일정을 갖는 것이다. 여기에는 시간과 비용이 관계되어 있다. 계획이 실수 없이 정상 완료가 되면 시간과 비용을 버는 것이고, 실수가 있더라도 여유일정 내에 만회가 된다면 프로젝트는 성공적으로 끝나게 된다.

업무를 하면서 프로젝트 일정계획을 수립하는 멋진 실력으로 자신의 인생 후반 일정계획을 수립해 보라. 첫째, 자신이 좋아한다고 생각하는 취미나 일을 몇 가지 선정해 본다. 간트 차트에 언제까지 할 것인지 막대 바를 그려 본다. 둘째, 각 선정된 일 밑으로 실천할 수 있는 세부방안을 적어 본다. 세부방안을 다시 쪼개어 지금 당장 할 수 있는 일이 나올 때까지 적어 본다. 그다음 세부적으로 쪼개어 놓은 세부방안에 대한 목표일정을 정하고 막대 바를 그려 넣는다. 마지막으로 업무에 지장 없이 실천 가능한 일정인지 간트 차트를 검증해 본다. 중복일정으로 조정이 필요한 것은 수정한다. 업무에 다소 영향이 있다고 해도 과감하게 결단하는 것이 필요하다.

2019년 12월 입법조사처가 발표한 〈경제협력개발기구OECD 통계에서 나타난 한국 노인의 삶과 시사점〉 보고서에 따르면 65세 이상 노인의 경제활동 참가율에서 한국은 OECD 회원국 중 1~2위를 차지하고 있는 것으로 나타났다. 70세~74세 한국 노인의 경제활동 참가율은 회원국 1위, 65세~69세는 2위를 차지했다. 특히 작년 70세~74세의 경제활동 참가율은 35.3%로 OECD 평균 16.2%의 두 배가 넘는다. 하지만 55세~59세의 경제활동 참가율은 74.7%로 OECD 평균 73.3%와 비슷했다. 연령이 많아질수록 순위는 올라간다. 60세~64세의 경우 11위다. 즉 한국 노인들은 선진국 노인 중 가장 오래 일하고 있다.

한국 노인이 오래 일하는 이유는 노후 생활에 대한 경제적 대비가 부족해 어쩔 수 없이 일해야 하는 경우가 많다. 노년이 되어도 현역으로 일을 하기 위해서는 끊임없는 자기계발을 해야 한다. 노년에도 할 수 있는 일을 일찍부터 계발하고 퇴직 후 현역으로 생활이 가능한 일인지 검증을 해야 한다. 직장 다닐 때 하고 싶었던 일을 찾아서 시작해 보는 것이 중요하다. 하루에 한 시간 아니면 일주일에 몇 시간이라도 계획을 해서 자신을 위한 일에 투자해야 한다. 퇴근 후 또는 주말을 이용한 아르바이트를 해볼 수도 있다. 자신이 하고 싶었던 일을 실제 경험해 보면서 실력을 쌓고 검증과정을 거쳐 확인하는 것이 중요하다.

변화경영연구소 구본형 소장은 마흔 가까이 되면서 "나 자신은 누구인가?", "3년 후에 나는 이곳에서 어떤 모습일까?"라고 자주 자기 자신에게 질문을 했다. 그리고는 퇴직하기 3년 전에 책을 쓰고『익숙한 것과의 결별』을 출간했다. 이 책은 출간되자마자 베스트셀러가 되었다. 이후 2년간 매년 한 권씩의 책을 펴내면서 자기검증 과정을 거쳤다. 평생 현역으로 자신을 먹여 살릴 수 있는 일인가 확인 후에 퇴직하여 변화경영연구소를 1인 창업했다.

당신의 인생 후반을 위한 간트 차트가 완성되었다. 마음에 드는가? 이제는 실천하는 것만이 남아 있다. 하루라도 일찍 준비를 시작하게 되면 실패하는 일이 있더라도 그만큼 만회의 시간이 있게 된다. 작심삼일이어도 좋다. 작심삼일도 꾸준히 하다 보면 진

도가 나가 있다. 지금 시작하지 않으면 영원히 시작할 수 없을 것
이며 어느 순간 퇴직하게 된다면 당신은 낭떠러지에 서 있게 된
다. 시간은 당신을 기다려 주지 않는다. 하루라도 일찍 시작하는
것이 유리하다. 인도의 시성 타고르는 70세부터 그림을 배우기
시작했고, 소설가 박완서 작가는 40세에 소설가로 등단했다. 당
신도 지금 시작한다면 인생 후반 성공한 삶을 살게 될 것이다.

02

인생 2막 준비
너무 늦은 때란 없다

또 다른 목표를 세우거나 새로운 꿈을 꾸기에
너무 늦은 나이란 있을 수 없다.
- 레스 브라운

마흔의 기억에는 국가적인 시련이 있다. 김영삼 정부 말년에 외환위기로 국가부도사태에 이르렀다. IMF에 구제 금융을 신청하여 국가부도사태는 막을 수 있었다. 기업들의 연쇄적인 부도 및 경영위기로 나라는 큰 혼란에 빠졌다. 이듬해 1월 '금 모으기 운동'이 있었고 회사에서도 직원을 통해 금붙이를 갖고 오도록 했다. 이러한 국민들의 '금 모으기 운동'은 외환위기를 벗어나기 위한 시발점이 되었다. 그러나 한국 국민들에게 IMF 외환위기의 대가는 혹독했다.

통계청 조사에 따르면 1997년 3분기 47만 명 수준이었던 실업자 수가 1999년 1분기 약 175만 명으로 증가했다. 1998년 1개월여 동안 도산한 기업 숫자만 3,300개에 이르렀다. 당시 파견법이 도입되는 등 얼어붙은 노동환경은 현재 심각한 비정규직 문제의 모태가 되었다.

문재인 정부가 들어선 현재 각종 경제지표는 많이 나아졌다고 발표한다. 반면에 올해 코로나19의 여파에 의해 경제지표에 미치는 영향이 어떻게 될지는 아무도 장담할 수 없다. 중국 우한 폐렴으로 시작한 코로나 바이러스는 전 세계적으로 감염균이 퍼져 확진자들이 많이 발생하고 있다. 그리고 세계 각국이 코로나 바이러스 확산을 막고 자국의 안전을 위해 국경을 봉쇄하고 있다. 한국은 신천지 교회의 교인이 슈퍼전파자가 되어 대구·경북지역의 감염 확진자를 대량 양산했다. 이러한 확진자 양산으로 인하여 세계 각국이 한국발 내·외국인의 입국을 차단하고 있다. 3월 16일 9시 현재 140개국이 됐다. 경제학자들은 지금 한국의 경제상황이 1997년 IMF 외환위기 때보다도 더 심각할 것이라고 한다.

유럽은 이탈리아에서 많은 확진자와 사망자를 양산하며 유럽 전체가 위험지역으로 번지고 있어 미국 트럼프 대통령은 유럽 봉쇄령을 내렸다.

국제기관 국제상공회의소ICC의 존 덴턴 사무총장은 3월 16일 홍콩매체 사우스차이나모닝포스트SCMP 인터뷰에서 "지금은 어떤 면에서 보호주의에서 발생하는 상황과 같다"며 "국경은 닫고 화물은 되돌려 보내며, 공급체인은 재설계하고 있다. 모든 경제 영역에서 국경봉쇄의 영향을 체감하고 있다."고 말했다고 연합뉴스가 인용해 보도했다.

한국의 IMF 외환위기 당시 명품 프로젝트가 진행되고 있었다. 회사는 경영의 어려움을 버텨나가고 있었다. 위기의 어려움은 곧 인력구조조정으로 연결되었다. 정부의 주도하에 대기업 중심으로 기업합병 작업이 이루어졌다. 프로젝트 진행 중 소속 사업본부가 타 계열사로 이관되어 소속사가 바뀌었다. 과장, 대리 중심으로 핵심인력 차출 지시가 떨어졌다. 차출된 인력은 타 지역 사업부로 전배가 이루어졌다. 핵심인력 차출로 인해 조직의 허리라고 할 수 있는 직급에 공백이 많이 발생하게 되었다. 전배된 인력의 업무는 고스란히 남겨진 인력에게 배분되었고 연봉은 동결되었다. 계획된 인력보다 축소된 인력으로 프로젝트를 진행하고 연봉이 동결되면서 IMF 외환위기를 실감하고 있었다. 실업자가 되지 않은 것만으로도 천만다행이라고 생각했다. 3년간의 프로젝트가 종료되자 다시 인력구조조정 얘기로 분위기가 술렁거렸다.

다음은 이코노미스트 2019년 12월 16일 자료에서 인용해 왔다.

사례#1. 이춘재(57) 씨는 28년여 동안 삼성전자에서 영업·마케팅 업무를 했다. 4년 전 퇴직한 그는 이후 경영지도사 자격증을 취득, 현재 경영·취업컨설턴트로 제2의 인생을 살고 있다. 오늘도 여러 기업으로부터 컨설팅이나 멘토 역할을 해달라는 요청을 받는다. "은퇴한 동년배들과 만나 틈틈이 책 쓰기 코칭을 하고 있고, 딸과 함께 유튜브 채널(춘재TV)도 만들어 운영 중입니다." 지난해에는 자신의 노하우를 담은 책 『퇴직 후에 어떻게 살지?』도 펴냈다. 그런 이 씨는 "은퇴는 곧 새로운 출발점"이라며 "아직 하고픈 일이 수두룩하다"고 말했다.

사례#2. 광고·디자인 분야에서 오랫동안 일하다가 은퇴한 장한교(59) 씨는 지난 9월 캄보디아로 향했다. 지금은 현지 초등학교에서 미술교사로 봉사활동을 하고 있다. 경력과 관심사를 잘 살렸다. 한국국제협력단KOICA과 서울시50플러스재단이 장 씨와 이곳을 연결해줬다. "아내와 자녀들이 적극 성원해줘서 오게 됐습니다. 지금껏 일만 하다가 새로운 곳에서 새 삶을 사는 거죠. 이번 봉사활동을 계기로 여러 타인과의 관계를 배우고, 편안하게 누렸던 많은 부분을 내려놓는 마음 수양을 해야겠다고 결심했습니다." 내년 9월까지 이곳에 머물 장 씨는 보람에 하루하루가 알차다고 전했다.

이춘재 씨와 장한교 씨처럼 은퇴 후에도 다양한 방법으로 자신을 가꾸며 인생을 행복하게 살기 위해 노력하고 사회에도 기여하는 50~64세의 '신新중년' 세대가 크게 늘고 있다. 의료기술 발전과 기대수명 증가로 단순히 '오래 사는living longer'것을 넘어 '건강하게 잘 사는living well'삶이 목표가 된 100세 시대의 익숙한 사회적 현상이다.

요즘 장례식장에 가서 돌아가신 분들의 나이를 보면 간혹 60세 아래도 있지만 대부분 80세 이상이고 90세 이상이 늘어가고 있는 추세이다. 통계청에 따르면 국내 0세 출생자가 앞으로 생존할 것으로 기대되는 평균 생존연수, 즉 기대수명은 남녀 평균 2009년 80.0세에서 2018년 82.7세로 10년간 크게 증가했다. 1970년대까지만 해도 국내 남녀의 기대수명은 62.3세에 불과했다. 지금은 확률적으로 그때보다 20년 이상을 더 오래 살 수 있는 시대가 됐다.

한국의 법적인 노인 기준 연령은 65세이다. 부모님 세대에서는 60세가 되면 환갑잔치를 하고 친척들과 동네사람들로부터 "건강하고 오래 사십시오." 하면서 축하를 받았다. 지금은 대부분 사람들이 환갑잔치를 하지 않는다. 부부끼리 또는 동갑내기 친구들하고 환갑여행을 다닌다. 이제 60세는 신체적으로 건강하고 활동적인 나이가 되었다. '신중년'이란 신조어가 주는 의미처럼 아직은 젊고 꿈도 많다. 하고 싶은 일도 많다고 한다. 1차 베이비붐 세대가 은퇴를 하면서 사회적 영향력은 더 커지고 있다. 젊은 세대의 취업이 힘들고 소득 수준이 낮아 이들 세대가 소비의 주축이 되고 있다. 한국의 산업화와 민주화를 이끌어 온 세대이고 국내 인구 구성에서도 중심축을 이루고 있다. 행정안전부에 따르면 2019년 10월 말 기준 50~64세의 '신중년' 세대 인구는 약 1,240만 명으로 전체 인구의 23.9%로 집계되었다. 40~49세 인구는 16.2%이고 65세 이상 인구는 15.4%로 '신중년' 세대 인구와 차이가 많다.

대법원은 육체근로자 정년을 60세에서 65세로 상향 조정하여 판결했다. 법적인 노인 기준 연령을 70세로 상향 조정해야 한다는 사회적 논의도 활발하다. 2019년 서울시가 시민 806명을 대상으로 진행한 설문조사 결과를 보면 응답자들은 평균 68.3세까지 일하기를 희망한다고 밝혔다. 또 71.7세까지는 활동하기를 바란다고 했다.

지금의 '신중년' 세대의 주요 관심사는 이전 동년배들과는 다르다. 서울시 조사에서(복수응답 기준) '노후 준비에 관심이 많다'가 40.8%, '자녀의 취업과 결혼'이 35.1%, '여가와 취미활동'이 33.7%로 나타났다. 이전 동년배들의 주요 관심사는 '자녀의 취업과 결혼'이 자신보다 최우선이고, 자신의 '여가와 취미활동'은 살아오면서 관심을 줄 수 있는 여유가 없었다.

기업은 경영 상태나 주변 환경에 따라 계속적으로 인력구조조정을 실시한다. 당신이 무사히 정년퇴직할 확률은 시간이 지남에 따라 낮아진다. 언제 어떻게 구조조정 대상에 이름이 올라가 있을지 알 수 없다. 인생 2막 준비 너무 늦은 때란 없는 것이다. 현직에 있는 지금 하나씩 준비해 나가면 된다. 자격증 취득에서 찾을 수도 있다. 자신이 하고 있는 업무 분야에서 찾을 수도 있다. 자신이 좋아하는 취미나 특기에서 업종을 찾든가 새로 창직을 할 수도 있다. 당신의 미래는 지금의 '신중년' 세대라고 할 수 있다.

지금의 '신중년'들이 바라는 삶보다 더 나은 삶을 맞이하기 위한 준비를 해야 한다.

03

직장 밖의 세상을
경험할 준비를 하라

해보지 않고는 당신이 무엇을 해낼 수 있는지를 알 수가 없다.
- 프랭클린 아담

아침은 아내가 차려주는 밥을 먹고 일찍 출근한다. 아내가 출타 중이 아니면 매일 밥을 차려준다. 회사에 도착하면 사무실로 올라가는데 직원들이 아침을 먹기 위해 식당에 줄을 서 있다. 직원들의 양상은 다양하다. 총각은 밥해 줄 사람이 없으니 회사에 와서 먹는데 결혼한 아저씨들도 많다. 집에서 아내가 아침 일찍 일어나 밥해 주는 것이 귀찮다고 회사에 가서 먹으라고 한다. 출장으로 나가 있지 않으면 점심과 저녁은 회사에서 해결한다. 저녁 식사시간은 회사에서 주는 시간에 익숙해져 있다. 어쩌다 시간을 놓치면 배에서 밥 달라고 요동을 친다. 집에 늦게 가기 때문에 아내도 저녁은 당연히 먹고 온다고 생각을 한다. 정시에 퇴근하는 날은 회식이 있는 날이다. 이러한 반복적인 생활이 하루아침에 바뀌었다.

"김 과장 빨리 퇴근 준비 안 하고 뭐해. 4시 10분 전이야!"

"예, 준비해야죠. 어제 다른 팀에서 4시 이후에 남아서 일하다가 이름 적혔다면서요."

"그래, 회장님 지시사항이야. 4시 이후에 일하는 직원은 무능한 직원으로 이름 적어서 보고하라고 했다니까, 무능하다고 찍히고 싶지 않으면 알아서 해."

"오늘부터는 4시에 강제로 전원 차단한다고 했습니다."

"총무팀 직원이 사무실과 공장을 돌아다니며 일일이 확인한다고 합니다."

1993년 7월 그룹 회장님의 '신경영 7·4제' 근무지시가 떨어졌다. 그룹 전 임직원을 아침 7시에 출근해서 오후 4시에 무조건 퇴근시키라는 것이다. 시행 초기에는 여러 가지 편법이 난무했다. 퇴근하지 않고 일하는 직원이 한두 명은 꼭 있다. 사무실 전원을 차단하자 업무를 들고 밖으로 나갔다. 모 회사에서는 관례적으로 주던 시간외수당을 주지 않을 수 없어 한 시간 더 연장해 7·5제를 했다. 오후 4시 퇴근하면 해가 중천에 떠있다. 4시 퇴근이 낯설어 4시에 나갔다가 저녁을 먹고 6시쯤 복귀해 다시 일하는 회사도 있었다. 이러한 보고를 받고 회장님의 불호령이 떨어졌다. 각 계열사에 지시하여 오후 4시 이후 남아 있는 직원들 이름을 적어서 보고하라고 했다. 이제까지 해오던 근무습관을 바꿔라. 근무시간에 집중해서 일하고 오후 4시까지 그날 업무를 끝내라. 오후 4시 이후에도 남아서 근무하는 직원은 무능한 직원으로 분류한다는 것이다. 변화는 또 다른 변화를 낳는다. 변화에 맞게 근무 방식도 달라지기 시작했다. 오전 7시부터 9시까지는 업무집중 시간으로 정했다. 이 시간에는 외부에서 오는 전화도 없다. 회의도 오전 9시 지나서 한다는 기본원칙들이 수립되었다.

고정관념에 빠져 일을 하던 임직원들에게는 충격요법이었다. 밤늦게 일을 해도 다 못 하는 업무를 하루아침에 오후 4시까지 끝내라고 한다. 초기에는 다 못한 일을 밖으로 들고 나갔다. 이 시기에 고가의 개인 컴퓨터를 집에 장만하는 직원들이 늘어났다. 물론 내 집에도 당시 최고 사양의 386 컴퓨터가 들어왔다. 회장님의 변화 의지는 강력했다. 오후 4시에 퇴근해서 운동을 하든지, 친구를 만나든지, 어학 공부를 한다든지 하라는 것이다.

변화를 위해서는 이런 충격요법이 필요하다. 직원들은 오후 4시에 퇴근해서 무엇을 할 것인가 고민하기 시작했다. 직장 밖의 세상을 구경하기 시작했다. 스포츠 동호회가 활성화되고 요양원이나 도움이 필요한 곳을 찾아 봉사하는 활동들이 늘어났다. 어학 공부를 한다든가 자격증 취득을 위한 공부를 하는 자기계발에 집중하기도 했다.

　이러한 변화를 가져온 '신경영 7·4제'는 8년 8개월의 시간이 지난 후 디지털, 글로벌, 소프트 시대로 변화한 2000년대의 신조류에 대응하기 위해 탄력근무 시간제로 바뀌었다.

　2017년 MBC가 방영한 프로그램 중에 〈이불 밖은 위험해!〉라는 제목의 프로그램이 있다. 한때 유행어로 자리 잡기도 했다. 이불 밖이 위험해 이불 속, 집 안에서 노는 사람을 집돌이, 집순이 또는 '방콕족', '홈Home족'이라고 부른다. 문화체육관광부와 한국문화관광연구원이 발표한 '2016 문화향수 실태조사'에 따르면, 여가 시간을 혼자 보내는 비율이 2014년 56.8%에서 2016년 59.8%로 증가했다. 혼자가 편하다는 인식은 남녀노소를 가리지 않았다. 2016년 11월 시장조사 전문기관 트렌드모니터가 전국 만 19~59세 성인남녀 2,000명을 대상으로 조사한 결과 전체 응답자의 83.7%가 "밖에 나가지 않더라도 집에서 할 수 있는 일이 충분히 많다고 생각한다."고 답했다.

　이러한 현상을 직장인에게 대입해 보자. '직장 밖은 위험해!'라고 바뀐다. 회사에 열심히 다니며 생활하는 사람을 공돌이, 공순이, 또는 '워커홀릭Workaholic 인간'이라고 부른다. 매달 월급을 꼬박꼬박 주는 회사의 울타리가 편하다고 한다. 직장에 다닌다고 하면 은행에서 대출이자를 저렴하게 빌릴 수도 있다. 자신을 나타낼 수 있는 것이 회사 명함이다. 회사에서 같은 동료들과 보내는 시간을 즐긴다. 매일 아침 일어나면 갈 수 있는 회사가 있는 것이다. 야근이나 특근을 하게 되면 수당을 더 준다. 회사 밖에 나가지 않더라도 회사 내에서 돈을 더 벌 수 있는 기회가 있다는 것이다. 회사에서 잘리지 않기 위해 자기계발도 하고 상사에게 잘 보여야 오래 일할 수 있다. 전문기관 트렌드모니터가 조사한 내용은 다르지만 직장인의 80% 이상은 이러한 안일함에 안주해 있다.

전명준 '남이섬' 대표는 15년 전 40대 중반의 나이로 남이섬에 입사했다. 신문에서 본 구인광고 문구를 보고 선택한 곳이었다. '평생 함께할 사람을 구한다'라는 글이 그의 운명을 바꾸었다. 그는 종합상사에서 사회생활을 시작했고, 벤처기업을 창업했지만 실패했다. 성공과 좌절을 맛보면서 인생 전환점이 필요했다. 당시 강우현 대표는 그에게 남이섬 청소 업무를 맡겼다. 전 대표는 "남이섬과 상생할 수 있는가?"라고 자신에게 수없이 물었다. 샤워시설도 없고 방바닥은 차가운 산장 숙소에서 인고의 시간을 보낸다. 자신도 남이섬도 조금씩 달라지기 시작했다. 이런 시련을 견디며 지금의 '남이섬' 대표가 되었다.

인생의 단맛 쓴맛을 경험해 보면 전 대표와 같이 될 수 있을까? 40대 중반의 나이에 외딴 섬에서 청소 업무로 인생을 다시 시작할 수 있었던 용기와 도전이 놀랍다. 오랜 시간 홀로 인내하며 남이섬에서 상생의 길을 찾은 전 대표에게 찬사를 보낸다.

직장인은 직장에서의 직급과 직책에 맞게 일하는 습관에 익숙해 있다. 회사에 가면 함께 일하는 부하직원이 있다. 권위의식이 밥 먹여 주지 않는데 일을 시키는 버릇 때문에 혼자 스스로 일하는 능력이 부족하다. 자신이 해오던 업무는 잘하지만 다른 업무를 맡기면 힘들어한다. 그래도 회사에 있을 때는 도와줄 수 있는 직원들이 있다.

"김 차장, 수고해. 오늘 저녁 OB모임이 있어서 일찍 나간다."
"예, 알겠습니다. 좋은 정보 많이 듣고 저희들에게도 알려주세요."

언제부턴가 팀장이 퇴직자 OB모임이 있다면서 참석하기 시작했다. 한 달에 한 번 모임을 갖고 있는데 예비 OB인 팀장들도 초대한다는 것이다. 퇴직자 대부분은 재취업하여 인생 2막을 살고 있다. 현직에 있을 때 협력업체 사장하고 인연이 되어 취업하거나, 회사 근무 시 전문성을 갖고 있어서 중소기업에 취업이 가능한 경우가 있다. 그리고 먼저 퇴직한 퇴직자가 창업한 회사에 고문으로 근무하고 있다.

당신은 직장 업무가 바쁘다고 직장 밖 생활에 무관심하게 지내

고 있는 것은 아닌지. 직장 내에서 당신의 인간관계는 잘하고 있
는지. 직장인은 퇴직 후 삶을 어떻게 살아가야 하는지에 대하여
걱정이 많다. 직장인은 퇴직하는 순간 직장에서 누리던 직급이나
사내·외에서 받던 혜택들이 사라진다. 대출이 있으면 가장 먼저
은행에서 대출을 갚으라고 전화가 온다. 기회가 될 때마다 잘 사
귀어 둔 퇴직자와 만남의 시간을 갖는 것도 좋다. 기회가 되면 퇴
직자 OB모임에 참석하여 퇴직자들의 근황을 알아보는 것도 중요
하다. 여러 창구를 통해 정보를 수집하고 분석해 보면 당신의 인
생 후반 계획에 도움이 될 것이다. 직장 밖 생활이 어떠한지 직장
다닐 때 경험하는 것이 필요하다.

04

인생 2막,
다르게 생각하고 실행하라

변화를 두려워하고 현재 상황을 유지하려는
사람들이야말로 가장 위험한 사람이다.
- 마이클 해머

정년 1년을 남기고 만 54세에 직장에서 명예퇴직을 했다. 특수업종에 근무하면서 업무향상을 위한 자기계발을 꾸준하게 했다. 직장 내에서의 인간관계는 물론 관련기관 담당자들과의 인맥관리를 잘해 오면서 나의 가치를 높여 왔다. 명예퇴직 명단에 이름을 올리자 그동안 수고 많았다고 하며 퇴직 후 생활을 물어오기도 했다.

"김 수석님, 이번에 퇴직하신다면서요? 나이제한 때문에 안타깝습니다."

"퇴직 후 일자리는 알아보셨습니까?"

"예, 박 수석님. 아직 알아본 곳은 없는데 지금이 나가야 할 때라고 판단했어요."

반면에 절대 그럴 사람이 아니라고 생각했는데 의외라는 동료도 있었다. 늦둥이 막내가 아직 고등학생이니 계속 근무할 것으로 본 것이다. 임원 분들이 그동안 수고했다고 위로의 말을 건네주었다. 같이 근무하다가 타 부서로 가서 근무하고 있던 동료들도 식사자리를 하며 축하해 주었다. 자신들도 정년퇴직까지 근무할 수 있길 바라는 마음을 담고 있었다. 마지막 근무일 부서에서 해준 기념명패를 받고 연구소 인력들과 마지막 인사를 나눴다. 직장과의 모든 관계는 그것으로 마지막이었다.

한국은퇴생활연구소 박영재 대표의 자료에 따르면, "2016년 정년이 60세로 연장됐지만 현실적으로 정년까지 일하는 직장인의 비율은 7.6%에 불과하다. 명예퇴직, 구조조정 등으로 은퇴 시기는 갈수록 빨라지고 있지만 평균 수명 연장과 노후 준비 미흡으로 한국의 중장년 남성은 51.6세에 퇴직하고 72.9세까지 21.3년을 더 일하고 있다. 중장년 여성 역시 47.0세에 퇴직해 70.6세까지 23.6년을 더 일하는 실정이다."라고 하고 있다.

박영재 대표의 자료에서 남성 평균 퇴직연령이 51.6세이다. 그럼 만 54세에 퇴직한 남자는 행복한가?

보험개발원이 발간한 '2018 은퇴시장 보고서'에 따르면 2017년 기준 전국 6개 특별·광역시 거주자를 대상으로 한 설문조사에서 40·50대의 56.6%는 은퇴 후 자녀부양 부담이 예상된다고 응답했다. 이들이 예상하는 은퇴 후 자녀 1인당 부양 부담은 교육비가 평균 7천 258만 원, 결혼비가 평균 1억 3천 952만 원이다.

나의 경우 퇴직 시 3명의 자녀부양 부담으로 교육비가 1억 6천만 원, 결혼비가 약 4억 원으로 예상되었다. 퇴직금하고 아파트 전세금을 합한 금액과 같다. 결혼자금의 경우 조금은 시간이 있는 미래의 금액이지만 준비해야 하는 필수금액이다. 이렇게 계산하면 퇴직 후 노후자금은 없다. 노후 생활을 위하여 계속 수익활동을 해야 한다.

보험개발원 설문조사에서 은퇴 후 최소생활비 예상금액은 월 265만 원(부부 기준)·158만 원(개인 기준), 적정생활비는 월 327만 원(부부 기준)·194만 원(개인 기준)으로 집계됐다. 응답자들은 은퇴 후 소득으로 은퇴 전 소득의 64.3%를 바라지만, 실제로 은퇴 후 소득은 48.1%에 그칠 것으로 예상했다. 희망소득과 실제소득에 16%포인트의 격차가 있는 셈이다.

보고서는 "희망소득과 실제소득의 격차를 메우고, 최소한의 노후 생활이 아닌 적정한 노후 생활을 보내려면 차액만큼의 노후소득을 추가 확보해야 한다"고 강조했다.

부부 기준으로 적정생활비로 월 327만 원 이상이 필요하다. 자녀부양 부담 여건에 따라 더 소요될 것으로 본다. 나의 경우 퇴직 후 8년은 월 327만 원 이상의 수익활동을 해야 한다. 이후 국민연금 수령 시에도 적정생활비의 50% 정도밖에 안 된다. 사적연금이나 다른 소득이 없으면 추가 수익활동이 있어야 한다. 하지만 실제로 퇴직 후 당신의 소득은 퇴직 전 소득의 48.1%에 그친다는 것을 알 수 있다. 현실적인 문제에 부닥치게 된다. 노후를 위해 자녀들 문제는 자녀들이 스스로 해결하도록 해야 한다. 부모 찬스로 상속 자산이 충분히 예상된다면 부모님을 정성껏 효도하며 모셔야 된다.

당신은 직장인 월급만으로 노후준비를 할 수 없다는 것을 확인했다. 이제 사는 게 어떻게 되겠지 하는 안일한 사고방식에서 빠져나와야 한다. 지금까지는 월급 한도 내에서 살기 위해 아파트 관리비를 절약하며 살았다. 시장에서 시금치나 콩나물을 살 때도 깎아 달라고 하면서 식비를 절약하고 문화생활, 여가활동비를 아껴야 했다. 나름대로 노후를 준비한다고 가난하게 살아왔다. 하지만 당신이 살아온 사고방식으로는 퇴직 후 노후를 보장할 수 없다. 당신의 사고방식을 부자들의 사고방식으로 바꿔야 한다.

30대에 자수성가한 백만장자 사업가이며 발명가인 저자 엠제이 드마코가 쓴 『부의 추월차선』에 추월차선식 부에 대한 우화가 나온다.

이집트 파라오가 추마와 아주르 두 사람에게 피라미드를 지으라고 명령했다. 각자의 피라미드가 완성되면 왕자의 직위를 주고 여생을 보장해 주는 것이었다. 반드시 피라미드를 혼자서 건설하는 조건이었다. 동갑내기인 추마와 아주르는 몇 년이 걸린다는 사실을 알았고 피라미드 건축 작업에 들어갔다. 아주르는 자신의 신체를 이용해서 작업을 하려고 했다. 신체적 한계를 느끼고 체력단련에 필요한 자문료와 건강식품을 구하는 데 돈을 썼다. 아주르는 신체적 한계로 완성하지 못했다. 추마는 기계를 설계하고 제작하는 데 몇 년의 시간을 보냈다. 추마는 아주르의 비난에도 꿈쩍하지 않았다. 추마는 기계를 완성하는 데 돈을 사용했다. 추마는 기계를 사용하여 피라미드를 완성할 수 있었다. 파라오는 피라미드를 완성한 추마에게 약속을 지켰다. 추마는 왕자의 지위와 함께 여생을 보장받았다.

직장인은 아주르의 작업방식에 비유된다. 오직 매달 받는 월급에만 의존하여 삶을 살아가고 있는 것이다. 회사 다니면서 승진하게 되면 성취감도 생기고 자존감도 높아진다. 월급이 올라가면서 생활에 여유도 생기고 멋진 삶을 살고 있다는 생각에 빠져든다. 평생 월급을 받으면서 살 수 있을 것 같은 착각 속에 살게 된다. 그러나 퇴직과 동시에 월급이 사라진다. 그동안 받은 월급은 생활비와 자녀 교육비, 보험료로 소진되어 저축해 둔 자금이 얼마 안 된다. 은퇴 후에는 노후 자금이 없기 때문에 힘이 없어서 움직일 수 없을 때까지 일을 하며 살아야 한다.

　부자들의 사고방식은 추마가 피라미드를 건축하기 위한 기계를 제작하는 데 돈과 시간을 사용하는 것에 비유된다. 당신은 회사 다니면서 시간을 투자하여 자기계발을 해야 한다. 은퇴 이후를 위해 당신의 굳은 신념이 요구된다. 노먼 빈센트 필은 "남의 힘을 바라지 말고 당신의 신념을 믿어라. 굳은 신념이 당신의 새로운 성공을 보장해 줄 것이다."라고 말했다. 강한 신념을 가진 사람은 누구에게 기대거나 요행을 바라지 않는다. 자신이 원하는 노후는 그 누구도 아닌 자신만이 이루어내는 것이다.

　부자들의 사고방식에는 노후 준비라는 말이 없다. 부자들에게 연금은 관심사가 아니다. 당신은 직장 다니면서 은퇴 이후를 계획하고 가고자 하는 방향을 정해야 한다. 평생 현역으로 살 수 있는 길을 개척하는 것이다. 평생 현역으로 살 수 있는 자격증을 취득한 후 은퇴할 수도 있다. 투자금을 마련하고 수익형 부동산에 투자할 수도 있다. 책을 쓰고 인세를 받거나 1인 창업을 하여 당신의 지식과 경험을 돈으로 바꿀 수도 있다. 돈이 돈을 버는 시스템을 구축하여 당신이 잠을 잘 때도 돈이 들어오도록 해야 한다. 당신의 굳은 신념만이 새로운 성공을 보장한다. 당신도 부자들의 사고방식으로 바꿔야 한다.

05

지금이
인생 2막 준비의 적기다

나이 드는 것은 두렵지 않으나,
삶의 열정이 식는 것은 두렵다.
- 혜민 스님

직장인들의 유행어 열전 중에 '사필귀정'이란 용어가 있다. '40
대에는 반드시 정년퇴직 한다'는 뜻으로 통한다. 사필귀정은 고
사성어로 원래 '무슨 일이든 결국 옳은 이치대로 돌아간다'는 뜻
이다. 요즘 직장인의 애환이 담긴 말로 패러디하여 사용되고 있
다. 100세 시대에 40대에 퇴직한다니 얼마나 슬픈 현실인가?

내가 40세일 당시 한국은 IMF(국제통화기금) 외환위기를 맞게 되
었다. 외환위기는 우리 사회 전체를 뒤흔들었다. 많은 기업이 문
을 닫고 실업자가 늘어나는 등 경제가 크게 위축되었다. 나라 경
제가 위기에 처하자 국민들은 금을 모으기 시작했다. 국민들이

내놓은 금을 정부와 기업이 사들여 외환과 바꾸는 식으로 외환위기를 극복하고자 한 것이다. 이 때문에 '금 모으기 운동'은 '제2의 국채 보상 운동'이라고 불렸다. 나도 당시 행운의 열쇠와 자녀들 돌 반지 모아둔 것을 내놓았다. 내가 근무하는 회사는 특수 업종이어서 그나마 영향을 덜 받았다. 다행히 명품 프로젝트가 다시 진행되고 있는 시기였다. 명품 프로젝트에는 많은 개발인력이 참여하고 있었다. 삼 년 후 명품 프로젝트가 성공적으로 종료되자 여유인력 문제가 발생했다. 연속적인 신규 프로젝트가 없어 개발인력의 재배치가 요구되면서 많은 인력이 타 지역 사업장으로 이동을 했다. 이런 상황을 예상이나 한 듯 몇몇 준비해 온 직원은 창업의 길을 선택했다.

통계청이 〈2019년 12월 고용동향〉을 발표했다. 연령대별로 보면 40대 고용률은 전년보다 0.6% 떨어졌는데, 이는 전 연령대에서 유일하게 하락한 것이다. 전체 인구 대비 경제활동인구의 비율을 뜻하는 경제활동참가율도 40대에서 가장 큰 폭(-0.8%)으로 하락했다. 40대 취업자 수는 12만 8천 명, 지난 한 해를 통틀어서는 16만 2천 명이나 줄었다.

이들 연령대에서 유일하게 늘어나거나 오른 것은 비경제활동인구 중 '쉬었음' 인구다. 40대의 '쉬었음' 인구는 2018년 12월 19만 6천 명에서 2019년 12월 24만 명으로 4만 4천 명 늘었는데, 증감률로 따지면 모든 연령대 가운데 가장 큰 비율(22.3%)로 증가한 것이다.

40대의 '쉬었음' 인구는 해당 연령대의 실업자(12만 8천 명)보다도 많다. 즉 통계청의 고용동향 조사에서 취업한 상태도 아니면서 구직활동을 하지도 않아 사실상 구직단념 상태인 사람이 40대 전체 인구 826만 8천 명의 3% 가까이 된다는 계산이다.

통계청이 발표한 자료에 의하면 40대가 위기라고 한다. 고용률도 떨어지고, 경제활동참가율도 떨어지고, 늘어난 것은 '쉬었음' 인구라는 것이다. 경제의 중추가 되어야 할 40대의 일자리 사정이 좋지 않은 것이다.

지금 코로나19의 심각한 사태가 경제를 더욱 암울하게 하고 있다. 주식시장의 코스피 지수가 3월 13일 장중 1,700선으로 내려 갔다가 1,771.44로 마감했다. 코스닥 지수는 장중 500선 밑으로 내려갔다가 올라와 524.00로 마감했다. 코스피200 변동성지수 VKOSPI는 옵션 가격에 반영된 향후 시장의 기대 변동성을 측정하는 지수로, 코스피가 급락할 때 급등하는 특성이 있어 일명 '공포지수'라고도 불린다. 이날 미국의 9·11 테러 이후 18년 6개월 만에 코스피 서킷브레이커(매매 거래 일시 중단)가 발동되고 공포지수가 장중 8년 7개월 만의 최고 수준으로 치솟은 것이다.

이처럼 사회 분위기는 40대 직장인의 마음을 더욱 위축시키고 있다. 당신의 용기와 의지가 필요한 시점이다. 손성곤 대표가 운영하는 '직장 생활연구소'의 홈페이지에 통계분석자에서 전기기술자로 직업을 바꾼 남자의 사례가 실려 있다.

　김 씨는 대학 02학번으로 학부를 거쳐 대학원까지 통계학을 공부했다. 한국에서 '통계를 공부했다'라고 인정받으려면 최소 석사까지는 공부를 해야 했다. 대학원 시절에는 우수논문으로 총장상도 받았다. 첫 직장에 입사 후 일 자체가 싫지는 않았지만 당연한 일들을 가지고 논리를 억지로 만드는 것이 힘들었다. 분석하고 보고서를 작성하는 일이 많았는데 상사가 보고서를 쓰윽 보고 "이건 당연한 얘기잖아. 뭐 신선한 거 없냐? 색다른 거 없어?" 혹은 "야, 자동차 바퀴가 둥근 거는 누구나 다 아는 거잖아? 왜 맨날 내용이 똑같냐?" 이런 말을 많이 들었다. 김 씨는 회사가 자신의 자리를 지켜주지 못한다는 것을 많이 느꼈다. 당장 위의 선배들을 보아도 정기 인사이동에 앞서 스트레스를 많이 받는 것을 보았다. 40대 초·중반에 어느 정도 위치에 올라서지 않으면 회사 안에서 미래를 생각하기 힘들었다. 회사에서 임원을 달 만한 능력도 되지 않아 보였고 정치나 인간관계 이 모든 게 쉽지 않았다. 특히 자신이 했던 데이터 분석은 회사에서는 일이 되지만 이를 가지고 개인사업을 하기엔 어려움이 많다. 그렇다고 회사에서 버틸 때까지 버티다 한계를 느껴 나가게 되면 더욱 큰 인생의 모험을 하게 되리라는 생각이 들었다. 회사가 아닌 다른 공간에서 다른 사람들과 다른 일로 새롭게 돈을 벌고 싶다는 생각이 들었다. 그래서 회사에 기대하기보다는 새로운 직업에 대한 고민이 머릿속에서 떠나지 않았다. 그렇게 몇 개월을 고민하다가 내린 결론이 아버지가 하는 전기기술자라는 직업이었다. 퇴직 후 아버지와 일하면서 전기기사 자격증도 취득했다.

현재 자신이 다니는 회사 업무에 싫증을 느끼거나 상사와의 마찰로 인하여 고민하는 직장인이 많다. 백세 시대라고 하는데 "내가 하는 업무로 인생 2막을 살아갈 수 있을까?" 하는 고민으로 전직을 하거나 이직까지 생각한다. 대학원까지 나온 스펙이지만 인생 2막을 지켜줄 수는 없는 경우가 대부분이다. 인생 2막에는 수입이 얼마가 되느냐는 문제되지 않는다. 당신이 좋아하는 일을 할 수 있는가가 중요 관건이 된다. 그래서 이직을 검토하지만 "직장인으로만 있던 내가 다른 분야를 해야 하는데 마흔의 나이에 잘할 수 있을까?"라는 갈등으로 쉽게 결정을 하지 못한다.

이때 김 씨 사례처럼 아버지 찬스가 있다는 것은 든든한 지원군이 된다. 아버지에게 일을 배울 수 있어 자신이 열심히 노력만 한다면 아버지의 인맥까지 물려받을 수 있게 된다. 하지만 대학원까지 나오고 유명회사를 다니다가 현장 노가다 일을 하겠다고 결정하기까지는 쉽지 않은 결정이었을 것이다. 당신도 김 씨처럼 스스로 자신을 분석을 해 보기 바란다. 김 씨는 회사에 오래 있으려면 후배들과 경쟁을 해야 하고 윗선에 정치해야 하는 것을 싫어했다. 기술이 없는 상태에서 퇴직하면 안 되겠다고 판단했다.

직업 안정성으로 전기기술자가 좋겠다고 판단했다. 건강유지만 된다면 스스로 은퇴시기를 정하고, 오래 하면 할수록 더 많은 경험이 쌓여 자산이 되는 기술자의 길을 선택하게 된 것이다.

만일 당신이 직장인으로 임원을 달거나 성공할 수 있는 길이 보이지 않는다면 인생 2막에 무엇을 하고 있을 것인가를 고민해야 한다. 아버지 찬스가 없는 당신은 새로운 직업을 개척해야 한다. 당신의 인생 후반을 위하여 작성한 간트 차트를 꺼내보기 바란다. 새로운 직업에는 차별화된 포인트가 있어야 한다. 그리고 요즘 사람들은 휴대폰 하나로 모든 걸 해결한다. 김 씨의 경우는 전기기사 자격증과 아버지의 30년 경력이 차별화 포인트가 되었다. 또 네이버 블로그를 시작하여 휴대폰에서 자신의 업체명이 검색될 수 있도록 했다.

당신은 이미 직장 생활에 익숙해져서 변화를 거부하고 있다. 꼭 변해야 하냐고 망설이고 있다. 당신 마음속의 부정적인 생각은 떨쳐 버려라. 당신은 새로운 직업을 위한 생각의 변화와 자기계발이 필요하다. 세상도 10년 주기로 변한다고 했다. 요즘은 기술의 발전과 환경 변화로 더 빨리 변하고 있다. 주변에서 황혼 이혼이라는 얘기를 많이 들었을 것이다. 당신과는 상관없는 일이라고 하고 싶을 것이다. 인생 후반 준비가 안 되어 있다면 당신의 삶의 수준은 내리막을 걷게 된다. 그때 가서 당신이 가정을 지키지 못하게 된다면 당신 차례가 된다. 당신의 인생 후반을 위한 간트 차트를 꺼내 보라. 얼마나 실천하고 있는가. 지금이 바로 당신의 인생 2막을 준비해야 하는 적기다. 준비된 자가 될 것이냐 아니냐는 당신의 몫이다.

06

스펙이
인생 후반을 지켜주지 않는다

자신이 대중과 똑같아질 때는 잠시 쉬고 고민할 때이다.
- 마크 트웨인

부모 세대는 농촌에서 농사를 짓거나 소, 돼지, 닭을 키우면서 자식 농사를 지었다. 자식 대학 보내기 위해서는 밭떼기를 끊어서 팔거나 소, 돼지, 닭을 키워서 팔았다.

아버지는 농사지을 수 있는 물려받은 땅이 없었다. 도시로 진출하여 기술을 배우고 사업을 시작했다. 번창하던 사업이었으나 연대보증을 선 것이 잘못되어 집안 살림살이에 빨간 딱지가 붙여지고 빚을 대신 갚아야 했다. 사업 또한 기업에서 대량생산으로 싸게 나오는 제품에 밀려 버티다가 접을 수밖에 없었다. 생활을 해야 하니 전에 부동산 하는 친구 분의 소개로 사두었던 10여 평되는 가게 터로 이사를 했다. 그마저도 반쪽은 임대를 주고 남은 반쪽에서 가게를 시작했다. 가게 수리비용은 다시 빚을 내서 해야 했다. 게다가 형은 서울로 올라가서 대학에 들어가기 위해 재수를 했다. 대학을 나와야 좋은 직장에 들어가고 사람 구실한다는 것이 당시 부모들의 생각이다. 부모들이 배우지 못한 것을 자식들에게 공부를 시켜 대리 보상을 삼고 만족해하는 것이다.

직장 생활을 하는 동안 업무환경은 빠르게 변하고 있었다. 사원 시절 문서 작성에 사용하던 타자기가 컴퓨터로 교체되었다. 얼굴 정도 크기의 8인치 플로피 디스크Floppy Disk를 넣고 켜야 했다. 변화의 시작은 이렇게 조용히 다가오고 있었다. 컴퓨터 사양이 286에서 386 다시 486, 586, 686으로 계속 진화했다. 플로피 디스크도 5.25, 3.5인치로 작아졌다. 이후 CDCompact Disk로 교체되고 USBUniversal Serial Bus메모리까지 발전하였다. 컴퓨터를 처음 접하게 된 것은 대학 시절 컴퓨터 프로그래밍 과목을 통해서였다. 당시 컴퓨터는 대학 전산실에 대형 컴퓨터가 있어서 실습할 때만 잠시 이용할 수 있었다.

플로피 디스크가 5.25인치로 작아지는 시기에 컴퓨터가 개인 책상 위에 보급되기 시작했다. 여사원이 하던 문서작업이 개인 업무로 전환되면서 문서작성 프로그램을 공부하고 직접 해야 했다. 처음에는 서툰 솜씨로 하다 보니 업무가 느리고 불평이 많았다. 게다가 상사들의 문서작업은 직원들 몫이 되었다. 인터넷이 보급

되면서 정보의 홍수 속에 정신을 못 차렸다. 젊은 사원들이 컴퓨터 작업이나 인터넷 활용에 능숙해서 선임 직원들이 오히려 젊은 사원들에게 배워야 하는 역현상이 발생하기도 했다. 이러한 변화에 뒤처지면 안 된다는 생각에 열심히 배우기도 했다. 환경의 변화에 적응하지 못하면 멈춰 있는 것이 아니고 퇴보하는 것이다.

부모들은 어찌되었든 당신이 대학을 나올 수 있도록 교육비를 아끼지 않으셨다. 당신은 대학을 나오고 취업을 했지만 대학에서 배운 것이 회사에서 바로 적용이 되지 않는 것을 알게 된다. 기술이 발전하면서 새로운 기술이 쏟아져 나오고 업무환경은 계속 바뀐다. 대학에서 배운 것들이 회사에 들어오면 낙후된 기술이 된다. 정작 회사에서 요구하는 교육은 받지 못했다. 신입사원이 들어오면 회사에서는 다시 교육을 시킨다. 이러한 경향을 반영하여 일부 대학에서는 취업률을 높이기 위해 회사와 협력하여 업무에 바로 적용할 수 있는 학과를 개설하여 가르치고 있다.

나의 경우 대형마트의 시식코너에서 시식하는 것처럼 대학에서 컴퓨터는 맛보기 정도를 배우고 졸업했다. 그런데 취업 후 10년 만에 개인 컴퓨터가 책상 위에 올라와 실제 업무에 적용하게 되었다. 이후 인터넷이 도입되면서 컴퓨터도 하루가 다르게 진보되어 기술을 따라잡는 데 배움이 필요했다. 마흔 당신 앞에 놓여 있는 제4차 산업혁명의 기술들은 당신이 학부에서 배운 기술을 적용하기에는 낡은 교육이 되어 버렸다. 향후 20년은 이전보다 더 빠른 속도로 변화가 일어날 것이다. 이제 당신이 필요한 것은 스펙이 아니다.

구인구직사이트 '사람인'이 취업준비생 2,830명을 대상으로 조사해 작년 7월 발표한 자료에 따르면 응답자 가운데 77.9%가 입사 지원 기업의 눈높이를 낮춘 '하향지원'을 한 적이 있다고 밝혔다. 이 가운데 30.7%는 기업 규모(대·중소기업)의 조건을 낮췄다고 말했다. 취업준비생들이 하향지원을 선택하는 이유로 '불안감'을 꼽는다. 하지만 눈높이를 낮춘 지원이 합격으로 이어지지는 않는다. '사람인' 설문조사에 따르면 눈높이를 낮춰 지원한 구직자 60.1% 가운데 입사에 성공한 비율은 17.6%에 불과했다.

중소기업 관계자들은 고 스펙 지원자를 꺼리는 이유로 높은 퇴직률을 꼽는다. 여건이 좋은 대기업으로 이직하거나 회사를 관두는 경우가 많다는 하소연이다. 고용정보원이 지난 3일 공개한 자료에 따르면 중소기업 청년취업자 가운데 49.5%가 2년 내에 회사를 그만두는 것으로 나타났다.

당신이 퇴직 후 취업하고 싶어 하는 중소기업도 고 스펙인 당신을 반기지 않는다. 대기업 업무환경에 익숙한 사람은 중소기업에 취업하더라도 고된 업무와 인간관계 등의 적응에 실패하여 퇴직하게 된다. 전경련에서 발표한 '2015년 중소중견기업의 중장년 채용계획 및 채용인식 실태조사'에 따르면 재취업에 성공한 중장년 중 2년 이상 근속한 사람들의 비율은 28.9%에 불과하다.

현직에 있으면서 인생 후반을 위한 자기계발에 노력해야 한다. 생활이 안정된 상태에서 여러 시도를 해 볼 수 있다. 좋은 것은 현직의 자신의 업무에서 가능한 기회를 찾아보는 것이다. 자신의 업무가 적성에 맞지 않다거나 하면 부서를 옮겨서 일을 배우는 방법도 있다. 회사 정보망에 신경을 쓰다 보면 타 부서에서 인력 충원을 요구하는 경우가 있다. 이러한 기회를 잡는다. 소속 부서장에게 동의를 구한 후 해당부서의 책임자를 찾아가 직접 의사타진을 해보면 된다. 인사고과를 두려워해서 회피한다면 당신이 할 수 있는 것은 아무것도 없다. 다음은 회사 교육 시스템을 활용하거나 사외 자기계발 교육 시스템을 활용한다.

요즘 직장인을 위한 정부나 지자체 지원제도가 잘되어 있다. 대표적인 제도 두 가지를 알아보자. 첫째, 직업능력개발계좌를 발급받아 훈련을 받을 수 있도록 지원하는 '내일배움카드제'가 있다. 재직자용과 실업자용 두 가지로 분류된다. 온라인과 오프라인 신청이 가능하다. 홈페이지(http://hrd.go.kr)에 접속해 '나에게 맞는 훈련' 항목에 들어간 다음 간단한 질문의 답변을 하면 자신이 지원대상인지 확인 가능하다. 둘째, 자격증 공부에는 '직장인 평생교육원'을 활용할 수 있다. 많은 대학이나 지자체에서 자격증이나 취미활동을 위한 평생교육원 프로그램을 진행하고 있다. 평생교육원 교육과정에는 외국어나 컴퓨터 관련 각종 자격증뿐 아니라 직무역량을 향상할 수 있는 다양한 프로그램이 개설되어 있다. 역시 온라인과 오프라인 모두 가능하다.

현재 우리는 빠른 기술혁신에 따른 지금까지 아무도 경험하지 못한 '제4차 산업혁명' 시대에 살고 있다. 기존의 일하는 방식과는 다른 혁명적 변화가 가속화되는 시대에 살고 있는 것이다. 인공지능, 로봇공학, 사물인터넷, 자율주행자동차, 3D 프린팅, 나노 기술, 생명공학 등 폭넓은 분야에서 새로운 과학기술의 진보로 믿기 어려울 정도의 엄청난 기술 융합이 이루어지고 있다.

당신의 직장 밖에서는 '제4차 산업혁명' 시대로 기존 직업들이 사라지고 또 새로운 직업들이 생겨나고 있다. 당신이 많은 시간과 돈을 들여 쌓아온 스펙은 당신의 인생 후반을 지켜주지 못한다. 10년 후, 20년 후 당신의 인생 후반은 빠르게 변화하는 기술혁신으로 당신이 갖고 있는 스펙도 빠르게 가치를 잃어갈 것이다. 이제는 창직이라고 한다. 그동안 쌓은 지식과 경험을 바탕으로 새로운 시도를 하기에 적합하다. 현직에 있으면서 창의성을 발휘해 여러 시도를 해 보는 것이 좋다. 현직에 있을 때 실패도 해보고 성공도 해 봐야 한다. 성공의 맛을 본 사람이 인생 후반에도 계속 성공하게 된다.

07

평생 직업은
직장 다닐 때 준비해야 한다

벽은 반드시 있습니다. 그러나 그 벽을 뛰어넘으면
눈앞에 새로운 세계가 펼쳐질 겁니다.
- 우에무라 나오미

직장 다니면서 평생 직업에 대한 생각이 없었다. 회사에서 정
년퇴직할 수 있으면 됐지 무슨 평생 직업이란 말인가? 나와 같
은 동년배들의 마흔 시절에는 회사에서 정년까지 일하는 것이 목
표였다. 특히 대기업에 근무하고 있다면 말이다. 기본적으로 대
기업과 중소기업은 월급의 차이가 많다. 무조건 대기업에서 잘리
지 않아야 한다는 것이 하나의 목표가 된 것이다. IMF 외환위기
를 거치면서 직장인이 나가서 창업한다는 것은 많은 위험성이 있
다는 것을 경험했다. 직장인들은 위험성을 감수하려고 하지 않는
다. 그래서 창업하는 사장들은 DNA가 다르다고 생각했다. 요즘

은 IT기술의 발전과 함께 대학에서부터 학생들이 창업에 눈을 뜨고 회사 취업이 아닌 회사를 창업하면서 졸업하여 나오기도 한다. 소프트웨어의 전문 지식을 갖고 있는 개인은 앱을 만들어 수익을 올리거나 SNS마케팅 또는 유튜브를 통해 쉽게 기하급수적으로 수익을 내고 있다.

　나 역시 회사의 연구개발 프로젝트를 열심히 하면서 잘리지 않고 길게 회사에서 정년퇴직한다는 생각을 갖고 있었다. 중간에 퇴직하고 나가게 되면 직장 생활에 익숙한 내가 할 수 있는 것이 없는 것 같았다. 첫째 목표는 정년퇴직이고 이후는 정년 시점이 되어서 선배 퇴직자들처럼 중소기업에 재취업하면 되겠지 하는 막연한 생각을 하고 있었다. 그 이상은 생각하는 것 자체가 힘들었다. 한마디로 평생 직업에 대한 인식이 너무 부족했다. 마흔 시절에 인생계획으로는 자식들이 제 역할을 해 준다면 별 문제가 없었다. 내가 퇴직하고 나면 막내 대학 교육은 첫째, 둘째가 직장에 들어가서 학비를 지원해 주는 것이었다. 이게 20년 전 직장인 인생계획의 큰 흐름이었다. 하지만 사회는 다르게 변화해 갔다. 자녀들 취업이 '하늘의 별 따기'가 되었다. 취업이 어려우니 배우자 만나서 결혼하는 것도 늦어지고 있다. 가족 인생계획의 수익 흐름이 늦어지면서 자녀부양이라는 부담은 계속 늘어나고 있다. 수익이 줄어들면 생활이 힘들어진다. 수익은 줄어드는데 자녀부양 부담이 계속된다면 최악이다.

더구나 급속도로 변화해 가는 사회적 환경에 직장인들의 평생 직업을 위한 준비는 절대적이라고 생각된다. 언제 퇴직하게 되든지 자기가 잘할 수 있는 직업을 준비하는 것이 중요하다. 직업이라고 하면 회사에 취업하거나 자영업으로 창업하는 것이 전부라고 생각하던 시대는 지났다.

　올해는 작년 말 중국 우한 폐렴으로 시작된 세계적인 코로나19 감염 영향으로 각국이 국경봉쇄에 들어가고 있다. 3월 18일 미국 트럼프 대통령은 유럽에서 들어오는 미국 입국을 30일간 차단하는 국가에 영국까지 포함한다고 발표했다. 유럽연합, EU는 유럽 내 코로나19 확산을 막기 위해 30일간 외국인 입국을 제한한다고 발표했다. 또한 3월 18일 오전 8시 헤럴드경제 기사를 인용하여, 한국에 대한 각국의 조치현황을 보면, 한국 전역에 대한 입국금지 조치 91개국, 한국 일부 지역에 대한 입국금지 조치 5개국, 격리 조치 15개국, 검역강화 및 권고 사항 등 44개국으로 나와 있다.

　3월 18일 주식장 마감 기준 한국의 코스피 지수는 전 거래일 대비 81.24(-4.86%) 급락한 1,591.20, 코스닥 지수는 29.59(-5.75%) 급락한 485.14로 장을 마감했다. 코스피 지수가 1,600선 붕괴된 것은 지난 2010년 5월 이후 10년 만이다. 코스닥 지수 역시 6년여 만에 500선 밑으로 떨어진 것이다. 하지만 어디가 바닥인지 모른다는 것이 더 큰 문제이다.

　문재인 대통령은 IMF 외환위기나 2008년 금융위기보다 더 심각한 경제상황이 될 것이라고 공식석상에서 발표했다.

  통계청 경제활동인구조사에 의하면 2019년 40·50대 비자발
적 퇴직자는 48만 9,000명으로 나타났다. 여기서 비자발적 퇴직
자는 직장의 휴·폐업, 명예·조기퇴직, 정리해고, 임시 또는 계절
적 일의 완료, 일거리가 없어서 또는 사업 부진 등에 해당하는 퇴
직자를 말한다. 또한 경제활동에 참가 중인 고령층 중 단순 노무
종사자가 24%, 서비스·판매종사가 23%를 차지했다. 고령층 10
명 중 6명이 일하는 목적을 생활비 충당이라고 답했다.
  통계청 자료에서처럼 비자발적 퇴직자가 늘어나고 있다. 당신
이 다니는 직장에서 정년퇴직까지 근무할 확률은 거의 없다. 준
비되지 않은 퇴직자 중 단순 노무직이 24%, 서비스·판매종사가
23%이다. 퇴직자의 47%가 취약한 업종에 종사하고 있는 것이다.

  보험개발원이 발간한 〈2018 은퇴시장 보고서〉에 따르면 2017
년 기준 전국 6개 특별·광역시 거주자를 대상으로 한 설문조사에
서 40·50대의 56.6%는 은퇴 후 자녀부양 부담이 예상된다고 응
답했다. 이들이 예상하는 은퇴 후 자녀 1인당 부양 부담은 교육비
가 평균 7천 258만 원, 결혼비가 평균 1억 3천 952만 원이다.
  당신이 직장 다니면서 자신이 하고 싶은 일을 준비하지 않는다
면 47%의 취약한 업종에 종사하고 있을 확률이 높다. 당신이 퇴
직 시에 자녀들은 어디까지 성장했을까? 직장인은 직장 다니고

있을 때 자녀가 대학교육을 마치고 결혼까지 시킬 수 있다면 최고라고 생각하며 생활한다. 그래서 어느 부장이 자녀 결혼 청첩장을 돌리면 부러워하면서 "부장님 이제 퇴직하고 그냥 쉬셔도 되겠습니다."라는 말을 건네며 축하인사를 한다. 당신이 퇴직 시에 자녀교육은 대학까지 마칠 수 있는가? 자녀의 결혼은 제외하고라도 자녀들이 대학까지 무사히 마칠 수 있느냐 없느냐가 관건일 것이다. 아마도 당신의 두 자녀의 경우 한 자녀 정도 대학을 마칠 수 있으면 다행일 것으로 본다. 그러면 남은 자녀 대학교육비와 두 자녀 결혼자금은 고스란히 당신 부부가 안고 가야 할 투자자금인 것이다. 자녀교육비와 결혼자금을 제외하고 당신의 노후자금을 계산해 보라. 당신은 당신 부부의 노후자금이 부족하니 자녀 보고 "결혼은 너희가 벌어서 모은 돈으로 해라."라고 말할 자신이 있는가? 이것이 당신의 지상과제이며 당신이 직장 다니면서 평생 직업을 만들어야 하는 이유다.

변화경영연구소 구본형 대표는 대기업에 다니면서 삼십 대 후반에 평생 직업을 고민했다. 그리고는 퇴직 3년 전부터 자신이 해오던 변화경영 업무로 평생 현역 생활을 할 수 있는지 검토했다. 그리고 『익숙한 것과의 결별』이란 책을 쓰고 출간한 후 자기검증과정을 거치고 나서 퇴직했다.

강원도 홍천에서 부부가 '베이커리&북카페'를 하고 있는 김종헌 사장은 ㈜비비안 대표이사를 지냈다. 삼십대 후반에 인생 2막을 고민하다가 '베이커리&북카페'를 하기로 결심했다. 해외출장 다닐 때마다 소품을 준비하기도 하고 국내 여행 삼아 여러 곳을 돌아다니면서 가게를 오픈할 장소를 물색했다. 그렇게 20년 동안에 걸쳐 준비를 마쳤다. 한참 더 일할 수 있는 나이에 동료들의 만류에도 직장을 그만두고 마흔의 꿈을 실천하기 위해 홍천에서 가게를 열었다. 그리고 '베이커리&북카페'를 하면서 『남자 나이 마흔에는 결심을 해야 한다』라는 책을 쓰고 출간했다.

미래현장전략연구소 정기룡 대표는 대전 중부경찰서장으로 정년퇴임을 했다. 현직에 있으면서 제과·제빵기능사 자격증을 시작으로 평생 직업을 찾기 위해 많은 자기계발비와 시간을 투자했다. 퇴임 후 은퇴 설계와 행복한 노후에 대한 각종 강연과 자문 활동을 하고 있다. 평생 직업을 찾기 위해 노력했던 얘기를 『퇴근 후 2시간』이란 책으로 출간했다.

한국의 반퇴 연령은 평균 49.4세로 마흔의 직장인이 평생 직업을 준비할 수 있는 시간은 10년 정도이다. 당신은 인생 2막에 무슨 일을 하고 있을 것인지 진지하게 고민해 본 적이 있는가? 아니면 고민해 봐도 무엇을 해야 할지 몰라서 그냥 있는 것인가? 그럼 책을 읽어보기를 권한다. 책 속에는 저자의 지식과 경험들이 들어 있다. 당신이 생각해 보지 못한 지식과 경험을 만나게 된다. 책을 읽어봐도 모르겠다고 할 것인가? 한두 권 읽어보고 그런 얘기하면 안 된다. 6개월 아니 1년 내에 백 권 이상의 책을 읽어보라. 당신의 인생 2막을 위한 책이라고 생각되면 책의 종류를 따지지 말고 읽으면 된다. 책을 읽고 나서 인생 2막에 무슨 일을 하고 있을 것인지 다시 고민해 보라.

08

마흔,
재취업이 가능하다고 생각 마라

미래는 일하는 사람의 것이다.
권력과 명예도 일하는 사람에게 주어진다.
- 칼 히티

직장 생활의 근간은 사람과 사람과의 관계이다. 매일 부딪치는 동료 간 상하 간 인간관계를 유지하면서 자기가 맡은 업무를 해야 한다. 자신은 별로 웃고 싶지 않은 심정인데 상황에 따라 웃어야 한다. 후배 사원의 일 처리가 마음에 들지 않아 불러서 혼을 내 주고 싶은데 섣불리 하다간 꼰대소리나 듣는다. 직장에서 일보다는 인간관계에 치여서 못 해 먹겠다는 사람이 많다. 상사와 인간관계가 꼬이면 퇴직까지 이어진다.

직장인이 스트레스를 푸는 방법에 술자리 이상이 없다. 상사에게 꾸지람을 듣거나 후배 직원을 불러서 혼내고 나면 마음이 불

편하다. 퇴근 시 동료를 붙잡고 오늘 소주 한잔 같이하자 하거나 미안한 마음에 후배 직원에게 퇴근하면서 식사나 같이하자고 한다. 한 달에 한 번꼴로 하는 회식이 있는 날에는 그동안 쌓였던 스트레스가 터져 나온다. "강 대리, 그땐 내가 좀 심했지.", "과장님, 그날은 정말 서운했습니다.", "아~, 잘 모르겠고 그냥 한잔 주십시오.", "뭐 다 그렇게 사는 거 아닙니까?" 등 다양한 말과 몸짓을 해 가며 인간관계를 회복해 간다.

전경련에서 발표한 〈2015년 중소중견기업의 중장년 채용계획 및 채용인식 실태조사〉에 따르면 재취업에 성공한 중장년 중 2년 이상 근속한 사람들의 비율은 28.9%에 불과하다.

당신은 운 좋게도 이 28.9%에 속해 2년 이상 한 직장에서 근무할 수도 있지만, 현실적으로는 계속해서 새로운 일을 찾아야 하는 것이 당신의 미래의 모습이 될 수밖에 없다. 나이가 들면서 이러한 악순환의 사이클에서 벗어나기 위한 대안이 필요하다.

명예 퇴직할 때 같이 나온 C씨는 대학 동창이다. 이전 직장에서 경력 사원으로 전직해서 와보니 1년 먼저 경력 사원으로 와 있었다. 대학 동창이었지만 학교에서는 학과가 달라서 만날 기회가 별로 없었다. 처음에는 경력 사원이다 보니 회사 문화에 적응해야 했다. 입사하고 나서도 서로 부서가 달라 얘기할 시간을 내는 것이 어려웠다. 'H'자동차에서 근무하다가 입사하게 되었다고 한다. 경력

사원이라는 것이 상사와 기존 사원들의 눈치도 보이는 것 같았다.

지금도 그렇지만 당시 S그룹 하면 '관리의 S그룹'으로 외부에 소문이 나 있었다. D그룹 문화에서 일하다 S그룹 문화로 옮겨오니 "뭐 이리 빡빡하게 굴어!"라고 마음속으로 생각했다. 전 회사에서는 설계도면을 그리는 인원들만의 부서가 있었다. 그런데 이곳에 와서 보니 비싼 임금의 대졸 출신들이 드래프트에 앉아서 직접 설계를 하고 있었다. 지금이야 컴퓨터 기술이 발전하고 설계 소프트웨어가 잘되어 있어 CAD장비로 직접 그리지만 당시는 수작업으로 도면을 그리던 시기였다. 경력사원들이 많이 들어오다 보니 드래프트도 모자라 작동이 잘 안 되어 창고에 넣어 둔 것을 꺼내어 고쳐 쓰고 했다.

대학 시절 학과시간에 드래프트로 설계도면을 그려본 것이 전부다. 회사에 입사해서는 A4용지에 스케치 설계를 해서 주면 설계부서 직원들이 도면으로 그려오고 했다. 7년 후 전직을 해서 와보니 설계도면 작업을 담당자가 직접 하도록 업무가 되어 있어 당황스러웠다. 좋은 회사에 와서 근무하게 되었다고 생각했는데 설계도면을 직접 그려야 하는 열악한 업무 환경이었다. 출근해서 저녁 늦게 퇴근할 때까지 매일 오전, 오후 상사가 직접 불러 업무 진도 체크를 했다. 매일 진도를 맞추느라 휴식을 제대로 못 하고 업무에 매달려야 했다.

C씨는 정부기관이 공동 참여하는 신규 과제를 맡아 수행하고

있었다. 시간이 지나면서 업무도 서로 연관이 되면서 이전에 알고 지냈던 것처럼 대학 동창이라는 것이 친근하게 작용했다. 협조할 부분이 생기면 서로 먼저 챙겨주고 했다. 경력 사원에게는 직원 중에 아는 안면이 있다는 것이 회사 생활에 큰 도움이 된다.

C씨는 과제 중의 한 전문 분야를 대학교와 산학연구과제로 수행했다. 과제를 수행하면서 대학교에 박사과정을 신청하고는 과제와 박사과정을 병행하여 해나가고 있었다. 과제를 직접 수행하면서 관련 학부논문을 찾아 연구하고 학과 공부를 하고 전문 협력업체와 연계하여 현장 지식도 습득했다. 이론과 실기를 겸비한 노력으로 전문 분야에 대한 깊은 지식을 쌓을 수 있었다. 과제가 성공적으로 완료되고 학위논문이 무난히 통과되어 박사학위를 취득했다. 직장 다니면서 인정도 받고 박사학위를 취득하는 두 마리 토끼를 잡은 셈이다.

퇴직 후 C씨는 이력서에 박사학위가 추가되어 있었다. 취업 일자리를 찾는 데 박사학위는 빛을 발했다. 공공기관 채용에 응시하여 중소기업을 지원해 주는 업무를 하는 곳에 취업이 되었다. 중소기업에 재취업해서 다니고 있는 동료에게 전화해서 도와줄 것이 없느냐고 묻기도 했다. 이런저런 애로사항을 얘기하다 보니 기술지원을 연결해 줄 수 있겠다 하고는 업무와 관련된 전문가 대학교수를 연결해 주어서 도움을 주기도 했다. 이러한 지식과 경험을 갖춘 학위는 중소기업에서 과제를 수행하는 데 유용하다. C씨는 여전히 C씨를 필요로 하는 직장에서 근무하고 있다.

많은 직장인들은 월급을 주는 회사에서 열심히 일을 하고, 시기가 되면 승진을 하기 위해 더 열심히 일을 한다. 승진에서 밀리면 안 된다는 심적 압박을 받으면서 일을 한다. 그래서 두세 번 승진 기회에서 밀리면 직장에서 만년대리, 만년과장의 소리를 들어야 하는 것이 두렵다. 이후 직장 생활의 보람을 찾기 어렵게 된다. 집에서도 무능력한 남편과 아빠로 보여지는 것은 남자의 자존심에 관한 문제다. 그러다 보니 자신의 대부분의 시간을 회사를 위해 충성한다. 계속되는 야근과 특근으로 자기계발은 뒷전이고 취미생활이라고 할 만한 것도 없다. 자신이 오래전부터 하고 싶은 일이 무엇인지, 정말 잘하는 일이 있는지, 무엇을 해야 하는지를 모르고 허송세월 시간을 허비하고 있다. 이러한 중장년 반퇴 세대가 직장에서 퇴직하고 나서 재취업을 하면 어떤 일을 하게 될까?

한국고용정보원에서 분석한 〈장년층 일자리 현황과 변화〉 보고서에 따르면 한국의 장년들은 기능, 기계 조작, 조립, 단순노무 종사자 등과 같이 저숙련직에 주로 고용됐다. 연령이 증가할수록 단순노무 종사자의 비중이 높아지는 것으로 나타났다. 임금 근로자의 경우 1년 미만의 근로자 비중이 높았다. 일부 직업에서는 노동수요 부족을 겪기도 했는데, 대표적인 직업이 환경미화원, 경비원, 생산직, 주방보조원 등이었다.

당신이 재취업을 하더라도 사람과의 인간관계는 이전 직장에서 보다 더 힘들다. 새롭게 인간관계를 형성해야 한다. 젊은 시절에 야 나이도 어리고 패기도 있기 때문에 부딪치면서 헤쳐 나갔다. 하지만 지금 그렇게 하기에는 보통 마음가짐으로는 어렵다. 당신이 신입사원으로 입사했을 때 선배사원 및 상사와 끈끈한 인간관계를 맺기 위해 어떤 노력을 했는지 되돌아보면 된다. 이러한 어려움을 이겨내는 방법이 있다. 직장 다니면서 당신 스스로 당신의 몸값을 올려야 한다. 예를 들어 C씨처럼 대기업 30년 정도의 경력에 전문 분야 박사학위까지 갖고 있다면 재취업 회사에서 당신을 업신여기지 못한다. 오히려 그 회사 직원들이 당신의 능력을 보고 배우기 위해 가까이하고 싶어 안달할 것이다.

당신이 가고 싶어 하는 재취업 일자리는 당신이 퇴직하면 갈 수 있는 곳이 아니다. 당신은 이제 해야 할 것보다 하고 싶은 것을 더 많이 하면서 시간을 보내야 한다. 직장에서 월급이 나오고 가정생활에 어려움이 없을 때 하고 싶은 것을 해 보고 실패도 해보는 경험을 해야 한다. 퇴직 후 월급이 없는 상태에서는 하고 싶은 것을 해보고 싶어도 가정생활을 유지하기 위한 수익창출이 우선이 된다. 또다시 직장에 취업하고 퇴직하고 반복되는 사이클에서 빠져나와야 한다. 일이 즐겁지 않으면 당신의 평생 직업이 아니다. 당신은 직장에서 월급이 나올 때 평생 직업을 찾기 위해 모든 열정을 다해야 한다.

인생 후반
준비를 위한
원칙을 세워라

마흔,
인생 2막을
평생 현역으로
사는 법

01

혼자가 아닌
성공 덕후를 찾아 벤치마킹한다

성공은 매일 반복한 작은 노력들의 합이다.
- 로버트 콜리

"안녕하세요! 김 수석님. 저희가 ○○지원사업을 하게 되었는데 회사 방문해서 벤치마킹을 하려고 합니다. 시간 좀 내주시죠?"

"알겠어요. 언제 오실 수 있는가요? 준비하고 있겠으니 오세요."

타 사업부에서 근무하는 김 차장으로부터 전화가 왔다. 이번에 수주한 ○○지원사업에서 데이터를 수집해서 분석하는 업무가 있는데 우리 쪽에서 하고 있는 업무에서 벤치마킹을 하고 싶다는 것이다. 네이버 지식백과에서 벤치마킹이란 '단순히 경쟁 기업이나 선도 기업의 제품을 복제하는 수준이 아니라 장·단점을 분석해 자사의 제품을 한층 더 업그레이드하고 시장 경쟁력을 높이고자 하는 개념이다'라고 되어 있다. 기업에서는 종종 동종업계나 유사업계에서 진행한 선 사업추진 사례를 벤치마킹하고 자사가 추진하는 데 있어서 부족한 내용을 찾아 보완하거나 새로운 아이디어를 찾기 위해 노력한다.

당신도 성공 덕후를 찾아 벤치마킹을 한다면 인생 후반을 준비하는 데 효과적인 방안을 찾게 될 것이다. 만일 당신이 인생 후반에 하고 싶은 것이 정해지지 않았다면 먼저 하고 싶은 것을 찾아야 한다. 어떻게 찾아야 하는지 모르겠다면 세 가지를 해보라고 권한다.

첫째, 당신의 꿈 노트를 찾아서 꿈을 확인하라. 당신이 언젠가 써두었던 일기장이나 메모가 있을 것이다. 사람들은 주로 초등학교 시절 학교 숙제로 일기를 써서 선생님에게 확인을 받는다. 당신의 일기장을 찾아서 꿈 얘기가 적혀 있는지 확인해본다. 아니면 중·고등학생, 대학생 때 어딘가에 당신의 꿈이 적혀 있는 메모가 있을지 모르니 찾아본다. 다행히 찾았다면 지금 당신 생각과 비교해 보라. 당신의 어릴 적 순수한 마음으로 적어둔 꿈이 진짜 당신의 꿈일 수 있다.

둘째, 독서를 하라. 당신도 언젠가 책 읽기를 좋아하던 시절이 있었을 것이다. 학생 시절 무협지나 단편소설, 장편소설에 빠졌거나 아니면 게임에 빠져 PC방에서 시간 가는 줄 모르고 있다가 부모에게 들켜서 야단맞은 적이 있을 것이다. 이제는 독서를 하라. 서점이나 도서관에 가서 소설책이 아닌 다양한 책들의 종류를 관심 있게 살펴보고 마음에 드는 책부터 잡고 읽어본다. 한두 권 읽어보고 끝내라는 것이 아니다. 당신이 어릴 적 꿈이 있었다면 그 꿈과 관련된 책을 집중적으로 찾아서 읽어보기를 권한다. 꿈이 있었는지 모르겠다면 여러 장르의 책을 하나씩 펼쳐보기 바란다. 당신이 생각하고 있던 관심분야가 있는지 찾아본다. 책 제목과 서문, 목차를 보면서 당신의 관심분야에 맞는 책을 찾아 읽으면 된다. 책 속에는 당신이 모르고 있던 새로운 내용들이 들어있다. 책을 읽다 보면 당신이 그동안 깨닫지 못했던 새로움이 묻어날 것이다.

셋째, 강연이나 세미나를 찾아가서 들어보라. 자기계발이나 동기부여 강사가 하는 강연이나 세미나를 찾아서 현장에서 강사가 하는 얘기를 들어보는 것이다. 현장에 가면 당신과 비슷한 마음으로 찾아온 사람들도 많다. 그 사람들에게서 풍기는 꿈과 비전을 느껴본다. 옆 사람에게 당신이 이곳에 온 이유를 얘기하고 의견을 들어보면 당신이 필요한 답을 얘기해 줄지도 모른다. 꿈을 찾는 사람은 꿈을 찾는 사람들이 있는 곳으로 가서 어울려야 한다. 강연이 끝나면 강사와 대화를 해보라. 그리고 당신이 이곳에 온 이유를 얘기하고 의견을 들어보면 당신이 필요한 답을 얘기해 줄지도 모른다. 이 강연에서 소득이 없으면 다음 강연이나 세미나에 참석하고 끝나고 나면 강사에게 다시 물어본다.

이제 당신이 무엇을 하고 싶어 하는지 찾았는가? 당신이 하고 싶어 하는 일을 찾는 데는 당신의 의식변화가 필요하다. 당신은 이미 직장인의 마인드에 젖어 있다. "회사 일 말고 내가 할 수 있는 것이 있겠어?" 하고 자신을 비하하는 마인드로 가득 차 있다. 모든 것은 당신이 생각하는 대로 이루어진다. 부정적인 마인드의 생각도 당신의 생각이다. 부정적인 생각을 하면 부정적으로 이루어진다. 당신의 마인드를 긍정적으로 바꿔야 한다. 긍정적인 생각을 하면 긍정적으로 이루어진다. 강연이나 세미나에 참석한 사람들을 떠올려 보라. 그 사람들 대부분은 긍정적인 마인드와 긍정적인 생각을 하고 있다.

준비가 되었으면 이제 성공 덕후를 찾아본다. 첫째, 강연이나 세미나에서 만난 사람들 중에 당신의 성공 덕후가 있을지 모른다. 강사일 수도 있다. 둘째, 이미 성공한 삶을 살고 있거나 당신과 같은 꿈을 가진 사람들의 모임을 찾아서 참석한다. 성공한 삶을 살고 있는 사람이나 꿈이 같은 사람들에게서는 항상 긍정적인 마인드와 긍정적인 에너지를 받을 수 있다. 이곳에서 당신의 성공 덕후를 만날 수도 있다. 아니면 성공 덕후를 추천받을 수도 있다. 40대에 도전해서 성공한 덕후를 알아보자.

45세에 미래산업을 창업하여 한국 기업 최초로 나스닥에 상장한 정문술. 정문술 대표는 『40대에 도전해서 성공한 부자들』 - 「거꾸로 생각하고 죽을 각오로 노력하라」에서 다음과 같이 말한다.

"당신은 새로운 인생을 위해 창업을 꿈꾸는가? 그렇다면 목숨을 걸고 뛰어들 준비가 되었는가? 아니면 그저 지금의 상황에 대한 불만족 때문에 창업을 생각하는가? 사업 현장은 눈에 보이지 않는 총알이 오고 가는 전쟁터다. 그러니 하나뿐인 목숨을 걸 각오로 뛰어들어라. 성공은 목숨 걸고 매달리는 사람에게 그 기회를 열어 준다. 이 세상에 쉽게 이루어지는 것은 아무것도 없다."

41세에 김밥 하나로 2년 만에 연매출 130억 원을 올린 김승호. '김밥 CEO' 김승호 대표는 아버지를 따라 미국에 이민 가서 20년 동안 손대는 일마다 파산했다. 김승호 대표는 동일한 책의 「20년 실패했어도 바로 오늘 성공할 수 있다」에서 다음과 같이 말한다.

"이루고자 하는 구체적인 목표를 하루에 100번씩 딱 100일간 종이에 써 보세요. 그런데 의외로 이 간단한 것을 못 하는 사람이 많습니다."

36세에 알리바바를 창업, 세계 18위 부자가 된 마윈. 마윈은 재수해서 겨우 2류 대학에 들어갔다. 군대와 경찰에 지원했지만 받아주지 않았다. 30번의 실패 끝에 36세에 알리바바를 시작했다. 마윈 대표는 「시작은 미미했으나 끝은 창대하리라」에서 다음과 같이 말한다.

"새로운 인생을 위해 재도전할 때, 발목을 잡는 문제들이 있다. 게으름, 빈약한 자본금, 소심함, 시류를 읽지 못하는 판단력, 부족한 말솜씨 등. 하지만 그것이 무엇이든 문제를 문제로만 보고 있는 한 그 문제에서 헤어 나올 수 없다. 그 문제와 정면으로 부딪쳐서 돌파해 내고야 말겠다는 일념으로 도전할 때, 문제는 더 이상 불가능한 장벽이 아니라 성공으로 나아가는 밑거름이 된다."

직장인들이 자신이 하고 싶은 일을 찾아서 혼자 해 보겠다고 하는 것은 너무 어려운 일이다. 같은 생각을 하고 있는 동료가 있으면 자주 만나서 함께하면 좋다. 그보다 당신이 하고 싶은 일을 하는 데 시간을 단축시켜 주고 성공 확률을 높이기 위해서는 성공 덕후를 찾아 같이하는 것이 빠르다. 성공 덕후가 정해지면, 당신이 연락하게 된 동기를 얘기하고 벤치마킹을 위한 만남의 기회를 요청한다. 만나기 전에 성공 덕후에 대한 자료를 최대한 수집해서 알아본다. 약속이 잡혀 직접 대면하게 되면 그 사람의 성공 발자취를 자세하게 물어본다. 당신이 수집한 자료에는 성공 덕후가 성공하기까지 힘든 과정이나 노력 같은 구체적인 내용들이 빠져 있다. 당신이 적어간 궁금한 사항을 물어보고 성공의 팁을 메모한다.

당신이 지금 꿈을 찾고 있다고 사람들에게 얘기하면, 꿈 킬러들이 "무슨 꿈 같은 얘기를 하고 있느냐." 하며 말도 안 되는 소리 하지 말고 지금처럼 그냥 살라고 한다. 능력도 안 되면서 아직도 꿈을 찾을 나이인 줄 착각한다고 비난한다. 그러나 성공 덕후들도 40대쯤 시작해서 성공한 사람들이 많다. 60대에 시작해서 성공한 덕후들도 있다. 남은 것은 당신의 꿈에 대한 열정과 도전이다. 인생 후반 찬란한 당신의 꿈을 펼치는 삶을 살 것인지 아니면 한국의 대부분의 장년들처럼 저숙련직에 고용되어 힘든 삶을 살 것인지는 당신이 결정하는 것이다. 혼자는 힘이 들어 포기하게 된다. 성공 덕후를 찾아 벤치마킹하고 실천하는 것은 당신의 몫이다.

02

인생 후반,
내가 좋아하는 일에서 시작한다

좋아하는 일을 하라.
그러면 도전에 더 많은 목적의식이 생긴다.
- 마크 저커버그

초등학교 시절 양화점에서 일하는 형들과 일을 마치고 나면 같이 장기를 자주 두었다. 처음에는 배우는 입장으로 형들은 '차포' 떼고 둔다. 몇 번 하고 나면 '차'만 떼고 둔다. 또 몇 번 하고 나면 '포'만 떼고 둔다. 다음에는 맞장기를 두게 된다. 이제 어느 정도 장기의 고수가 된 것이다. 이처럼 자신이 좋아하는 것을 하게 되면 계속하고 싶고 실력이 빠르게 향상된다. 어느덧 장기판에 훈수꾼으로 참여한다.

회사에서 직급이 올라가니 사회 분위기가 골프를 해야 했다. 부서장이 골프 분위기를 조성하기도 했다. 하기휴가 기간에 골프 연습장에 등록을 하고 개인 코치를 받았다. 회사에서 일밖에 모르고 지냈는데 자신을 위해 투자를 하게 된 것이다. 골프는 비용이 많이 드는 취미활동이다. 골프 연습장 사용료, 개인 강습료 하며 골프세트를 사는 데 드는 돈이 만만치 않다. 가족의 승인이 필요하다. 한두 달 지나면 같이 배운 동료나 친구들하고 처음으로 그린에 나가 머리를 올린다. 골프장이 가까이 있는 것도 아니다. 그린피, 캐디피 하며 마치고 나면 식사를 같이하게 된다. 이 모든 과정이 자신이 좋아서 하는 것이라면 아깝지 않다.

2019년 8월 취업포털 잡코리아와 아르바이트 포털 알바몬에 따르면 최근 대학 재학생과 올해 초 대학을 졸업한 취업준비생 총 1,022명을 대상으로 공동 설문조사를 한 결과 응답자의 24.7%가 '현재 공무원 시험을 준비하고 있다'고 밝혔다.

2019년 11월 취업포털 잡코리아가 2020년 신입직 취업을 준비하는 4년 대졸(졸업예정자 포함) 학력의 취업준비생 1,355명을 대상으로 '취업 선호 기업'을 조사한 결과, '삼성그룹'이 23.9%로 1위에 올랐다. 이어 '공기업/공공기관'이 12.6%로 2위를 차지했다.

우리나라 취업준비생들의 취업선호도 1순위는 공무원이다. 사회 환경이 100세 시대로 바뀌면서 대기업에서 공무원으로 우선순위가 바뀌었다. 취업준비생들이 공무원을 선호하는 첫 번째 이유는 '정년보장'이다. 월급은 적어서 생활이 힘들지만 정년퇴임

후 받는 '노후 연금'이 취업준비생들을 유혹한다. 너나 할 것 없이 공무원 시험에 도전한다. 그 다음으로 대기업을 선호하는 이유는 '복지제도와 근무환경'이 좋고 '높은 연봉'을 받을 수 있다는 것이다. 자신의 적성이 맞는지 아닌지는 그 다음에 생각한다. 대기업에 취업하게 되면 자신을 평가하는 사회적 위상도 올라가게 된다. 이것이 이유다.

취업준비생에게 '자신이 좋아하는 일을 할 수 있을 것 같아서'라는 말은 찾아보기 어렵다. 대다수의 공무원이나 직장인이 선택해서 다니는 직장은 자신이 좋아서 선택하는 것이 아니다. 사회 환경이 100세 시대로 바뀌면서 노후를 생각한다든가 높은 연봉을 찾아서 선택한 것이다.

이러한 현상은 신입사원이 첫 직장에서 퇴직하는 시기를 보면 알 수 있다. 지난 1월 취업포털 '인쿠르트'와 알바앱 '알바콜'이 직장인 1,831명을 대상으로 '첫 직장 재직 여부'를 조사했다. 응답자의 87.3%가 첫 직장에서 퇴사한 것으로 집계되었다. '재직 일 년 미만' 퇴사자 비율이 30.6%로 가장 높다. 일 년 안에 열 명 중 세 명이 퇴직을 한다. 삼 년 안에 퇴사한 비율이 75.6%로 나타났다. 네 명 중 세 명이 삼 년 안에 퇴직을 한다. 주요 퇴직 사유는 직장에서의 문화나 업무가 자신이 생각했던 것과 다르다는 것이다. 취업에 합격한 순간은 기뻐서 좋아하겠지만 자신의 적성과는 다른 업무를 계속해야 한다는 생각으로 스트레스를 받게 된다. 결국 직장 생활에 적응이 안 되고 퇴직으로 이어지는 경우가 많다.

자신이 좋아하는 일을 시작하기 위해서는 자신이 좋아하는 일을 찾을 수 있어야 한다. 찾는 방법 중 하나는 성공 덕후를 찾는 방법에서 얘기를 했다. 이번에는 다른 방법으로 SWOT 분석에 대해 알아보자. 지식백과를 찾아 보면 SWOT 분석이란 '기업의 내부환경과 외부환경을 분석하여 강점Strength, 약점Weakness, 기회Opportunity, 위협Threat 요인을 규정하고 이를 토대로 경영전략을 수립하는 기법으로, 미국의 경영컨설턴트인 알버트 험프리Albert Humphrey에 의해 고안되었다'라고 되어 있다. SWOT 분석은 방법론적으로 간결하고 응용범위가 넓은 일반화된 분석기법으로 여러 분야에서 널리 사용되고 있다. 이 분석방법을 실제 자신이 좋아하는 일을 찾는 데 적용해 보는 것이다.

첫째, 강점Strength : 자신의 강점을 적어 본다.

장기, 태권도, 춤, 노래, 골프 등 혼자서 할 수 있는 것을 좋아한다. 자기계발서나 경영 관련서적 같은 종류의 책읽기를 좋아한다. 동료나 고객과의 약속을 잘 지킨다. 자기가 하는 일에 책임감을 갖고 한다. 일의 완성도는 상대방이 만족스러워야 한다. 의미 없는 시간을 보내는 것을 싫어한다.

둘째, 약점Weakness : 자신의 약점을 적어 본다.

체구가 작고 신장이 크지 못하다. 힘이 세지 못하다. 혼자 시간을 보내기 좋아한다.

셋째, 기회Opportunity : 외부환경에서 비롯된 기회를 적어 본다.

젊은 혈기의 열정과 도전정신이 있다. 회사 업무하면서 전문성을 키워나간다. 여러 분야에서 도움을 줄 수 있는 동료나 인맥이 있다.

넷째, 위협Threat : 외부환경에서 비롯된 위협을 적어 본다.

회사에서 인정을 받으려고 일에 집중하기 때문에 자신을 위한 시간을 내는 것이 힘들다. 자녀가 셋이다 보니 자신을 위해 돈을 쓰는 것에 인색하다.

위와 같이 적어 놓고 보면, 자신의 강점과 기회를 살릴 수 있는 일이 무엇인가를 찾는 데 쉽게 접근이 될 것이다. 혼자서 능력을 발휘할 수 있는 일이면 좋겠다. 강점이라고 했는데 책 읽는 종류를 넓혀서 다양한 정보를 습득하는 것이 필요하다. 체구가 작고 힘이 세지 못하므로 노가다 현장 같은 자신이 직접 힘쓰는 일은 적합하지 않다. 회사 업무의 전문성이나 인맥 활용측면에서 회사 업무의 연장선으로 할 수 있는 일을 하면 최적이다. 회사 업무 때문에 시간을 내기 어려운 것이니 회사 업무의 연장선으로 할 수 있는 일을 하면 위협이 아니고 기회로 바뀐다. 월급이 대부분 가정 생활비로 사용되고 막상 자신을 위한 투자에는 인색하다면, 이제는 우선순위를 당신의 자기계발 투자에 두고 나머지로 생활비를 재설계하라.

부자들의 사고방식은 일을 '취미'라고 한다. 일을 재미로 즐기면서 한다는 것이다. 토머스 J. 스탠리는 책 『백만장자 마인드』에서 미국의 백만장자 733명을 표본 조사한 결과를 알려주었다. 미국의 백만장자의 86%는 "지금의 성공은 내 일과 직업을 사랑한 결과다."라고 말했다. 다음은 "나의 일은 내 능력과 적성을 한껏 발휘할 수 있도록 해주었다."라고 말했다는 것이다.

사람은 자신이 좋아하는 일을 할 때 최대한의 능력이 발휘된다. 자신이 좋아하는 일을 하게 되면 피곤함도 느끼지 않고 일에 몰두하게 된다. 자신이 하는 일에서 가치를 찾게 되고 수익이 일어난다면 일에 대한 욕구는 더 커지게 되고 일의 능률은 더 올라가게 된다.

당신이 인생 후반에 해야 할 일을 선택하는 것은 중요하다. 당신이 좋아하는 일을 할 수 있도록 미리 준비를 해야 한다. 그렇지 않으면 당신이나 취업준비생이나 똑같다. 인생 후반 이것저것 좋아하는 일을 찾아다닌다고 시간도 버리고 몸도 상하게 된다. 가정형편은 더 나빠질 것이고 당신의 정신적 고통은 늘어나게 된다. 40대 직장인은 잘하는 취미도 없고 회사 일에 집중하다 보니 자신과 관련된 문제에는 소홀했다. 사회 환경이 빠르게 변하고 있다. 주 52시간 근무제의 도입과 같이 직장인이 자기계발을 할 수 있는 기회가 많이 주어지고 있다. 자신이 좋아하는 일을 하게 되면 시간 가는 줄 모르고 집중하게 된다. 늦었다고 생각할 때가 가장 빠른 때이다. 시간이 당신을 기다려주지 않는다.

03

목숨 걸고
자기계발을 하라

> 배움은 우연히 얻어지는 것이 아니라 열성을 다해 갈구하고
> 부지런히 집중해야 얻을 수 있는 것이다.
> - 애비게일 애덤스

"김 대리, 이번에 승진대상자지?"

"예, 부장님."

"이번 승진대상자부터 연구논문을 써서 발표를 해야 한다는데
준비 잘해봐."

회사에는 인사규정이 있다. 인사규정에는 임직원들의 직급을
구분하고 직급별 체류연한이 주어진다. 승진하기 위해서는 직급
별 체류연한을 채워야 한다. 그리고 연구소에 근무하는 직원은
승진논문을 써서 발표를 하고 평가를 받는다. 다시 승진할 시기

가 되었을 때 승진대상자는 승진논문을 써야 하는 규정이 추가되었다. 회사는 줄을 잘 서야 편하다는 것이 이런 때도 해당된다. 누구는 논문평가 없이 잘만 승진했는데 부가적으로 연구논문이 추가된 것이다. 하지만 논문을 쓰면 자기분야를 더 연구하게 되고 자신의 입지를 향상시키는 데 도움이 된다. 논문평가를 통해 그 분야의 전문가라는 것을 입증하게 되는 것이다. 선임연구원에서 책임연구원으로 승진할 때는 영어 TOEIC 점수가 또 추가되었다. 최근 2년 이내의 TOEIC 점수를 제출해야 하기 때문에 시기에 맞춰 시험에 응시해야 했다. 이러한 변경은 매번 내가 승진해야 하는 시점에 생기고 있었다. 대학시험 준비할 때에도 예비고사 시험으로 제도가 바뀌었던 기억이 있다. 이렇듯 자기계발을 해야 하는 상황이 지속적으로 일어나고 있다.

당신은 꼭지 제목을 보고 부정적인 마인드로 생각할 수도 있다. 책을 쓴 저자들마다 흔히 "목숨을 걸어라!", "직장 밖은 전쟁터다!" 등의 말로 독자들의 숨통을 조이는 말을 한다. 당신은 "회사에서 자기계발도 하고 있고 열심히 회사 생활을 잘하면 됐지."라고 생각할 것이다. 그러나 당신이 하고 있는 자기계발은 회사 업무를 위한 것이다. 회사 생활을 열심히 잘하는 것은 당신이 회사 근무할 때까지이다. 또 당신은 지금도 회사에서 업무가 바빠 야근하고 특근하는데 무엇을 더 할 수 있느냐고 할지 모른다. 그것은 회사의 안락함에 빠져 있는 당신의 핑계거리일 따름이라고 말해주고 싶다. 그럼 도대체 어떻게 하란 말인가? 먼저 당신에게 "의식을 변화시켜라."라고 말을 하고 싶다.

　우리는 직장인이 되는 순간 나약해진다. 모든 의식이 월급이라는 당근과 직장이라는 울타리 안에서 생각하게 된다. 직장 내에서 최고의 자리에 올라가는 것이 목표가 되어버린다. 그 목표를 향해 가는 데 돌발 변수가 많다. 도저히 업무가 적성하고 맞지 않는다. 또는 상사와의 트러블 등 여러 가지 문제로 인해 승진이 누락된다든지 하게 되면 좌절하게 된다. 하지만 직장의 울타리를 벗어나야 된다고 생각은 하지 않는다. 자신의 존재를 직장 내에서만 한정 짓고 살아온 것이다. 마치 회사가 자신을 평생 책임져 줄 것이라는 안일한 마음을 갖고 있는 것이다.

　취업포털 사람인에서 2014년 직장인 1,093명을 대상으로 '자기계발 현황'을 조사한 결과는 53.6%가 자기계발을 하고 있는 것으로 조사됐다. 자기계발 종류로는 '외국어 회화' 41.3%, '업무관련 자격증 취득' 36.7%, '취미, 특기활동' 27.5%, '업무 외 자격증 취득' 24.4%, '인문학, 교양, 상식 쌓기' 21.8%, '업무관련 직무교육 이수' 19.3% 순이었다. 자기계발 활동의 이유로는 '이직·전직을 하고자'가 29.2%로 가장 높다. '자기 만족도를 높이고자' 24.2%, '경력관리를 위해서' 11.1%, '업무·성과에 도움이 되어서' 10.9%, '퇴직 이후 계획을 위해서' 9.4%. '승진·연봉인상과 관련이 있어서' 5.8%, '즐겁고 재미있어서' 5.5% 순이었다.

국내 직장인들도 자기계발 항목으로 외국어가 가장 높은 41.3%를 차지하고 있다. 자기계발을 하는 이유로는 이직이나 전직을 위해서가 29.2%이고, 퇴직 이후 계획을 위해서는 9.4%로 나타났다. 이러한 비율을 보면 직장인들은 현업의 업무를 위한 자기계발 노력을 하고 있으나, 인생 2막을 위한 준비는 10명 중 1명 정도만이 고민하고 있다. 과연 나머지는 인생 2막이 괜찮은 것인지. 마흔, 당신은 자기계발할 수 있는 분야를 살펴보고 자신이 잘할 수 있는 것을 골라 이것저것 시도해 볼 필요가 있다. 현직에 있을 때 해 봐야 된다. 월급이 나올 때 해 보는 것이 최선이다.

중·고등학교 시절 가정형편이 어려웠다. 아버지가 하던 사업이 내리막을 겪고 있었다. 연대보증을 섰던 빚이 잘못되어 집에 차압이 들어왔다. 빨간 딱지가 물건마다 붙여지고 모든 것이 엉망이 되어 버렸다. 힘든 생활을 견뎌내야 했다. 그때 머릿속에 아버지가 방에 걸어 두었던 액자에 적혀 있는 명언 '인내는 쓰다. 그러나 그 열매는 달다'라는 글귀가 떠올랐다. 어려운 환경을 벗어나기 위하여 인내가 필요했고, 성공을 위해서 인내가 필요했다. 다른 것은 생각할 여유가 없었다. 어머니는 아들이 학교 다니는데 못산다는 표시가 나지 않도록 신경을 많이 쓰셨다. 하지만 아무리 애를 써도 낡은 가방, 옷가지나 도시락 등이 친구들과 비교되었다. 나는 체구도 작고, 키도 작고 내세울 것이 없지만 친구들에게 당당하게 대했다. 그리고 할 수 있는 것은 단 하나, 무조건 공부에 승부를 걸었다.

잘살고 못사는 것이 한 인간의 평가의 잣대가 될 수는 없다. 그러나 못사는 환경에서 참고 견뎌내며 인내하는 데도 한계가 있다. 그래서 나의 인생을 생각해 보기 시작했다. 인생은 한 편의 드라마라고 생각했다. 작가가 쓴 시나리오에 따라 각자 역할을 맡아 연출하는 배우가 되어 연기를 하고 있는 것이다. 그러면 내 역할은 무엇인가? 주연 배우인가, 조연 배우인가, 아니면 엑스트라 역할인가.

내 인생을 엑스트라로 살기는 싫었다. 내 역할을 주연 배우로 바꿔야 한다고 생각했다. 지금의 엑스트라 위치에서 주연으로 역할을 바꾸기로 했다. 빽도 없고 믿을 곳도 없는 나는 스스로 위치를 바꿔야 했다. 학생이 할 수 있는 것은 공부였다. 부모님이 가난을 벗어나기 위해 밤낮으로 고생하는데 나는 내가 할 수 있는 것에 승부를 걸어야 했다. 주변사람들의 눈이 나를 어떻게 보든 상관하지 않았다. 나의 하루일과를 단순화했다. 방 한 칸 살림방에서 낡은 책상에 의지하여 공부하고, 부모님 가게에 가서 한쪽 귀퉁이에서 식사하고, 그리고 학교에서 공부하는 반복 과정이었다. 그렇게 오로지 내가 해야 할 일만 했다. 대학 진학을 위해 학교를 선정해야 했다. 가정형편상 국립대학을 선택하여 가야만 했다. 목표는 당시 서울대학교 농과대학이었다. 그러나 예비고사 점수와 내신을 검토한 결과 합격 안전선에 들지 못했다. 한 단계를 낮추어 연·고대나 부산대 중에 국립대학인 부산대를 선택했다. 부산대 공대를 졸업하고 군 복무 후 대기업에 취업했다. 그사이 부모님 가게 장사도 점차 나아지고 있었고 어려움에서 벗어날 수 있는 위치에 내가 서 있었다.

여기서 당신에게 하고자 하는 얘기를 눈치로 알았는지 모르겠다. 바로 의식의 변화이다. 나는 내 인생을 돌아보고 인생에서 나의 위치를 바꾸겠다고 했다. 네빌 고다드의 『믿음으로 걸어라』에서 작가는 이렇게 말한다.

"그대가 소망하는 외부의 모습, 나는 이미 그런 존재라고. 그대가 원하는 모습이 되었다고 주장한다면 그렇게 될 것이다."

나는 가정형편의 몰락이라는 극약처방 주사를 맞았다. 어려운 가정환경을 극복하기 위하여 나를 돌아보았다. 인생 드라마에서 나의 위치를 바꿔야겠다고 생각했다. 신체적 조건도 좋지 않았다. 체구도 작고, 키도 작았다. 그러나 자존감만은 당당하게 내세웠다. 내가 할 수 있는 것에 집중했다. 나의 위치에서 할 수 있는 것에 승부를 걸었다. 마음속에 주문을 걸었다. 부정적인 마인드에 영향을 줄 수 있는 주변사람들의 눈을 무시했다. 오로지 나에게만 집중했다. 그렇게 열정적으로 도전한 결과 원하는 위치에 서게 되었다.

이제 당신 차례다. 당신의 생각을 바꿔야 하는 것이다. 지금 당신에게는 인생 후반 준비를 위한 극약처방이 필요하다.

04

월급의 10%를
자기계발에 써라

가격은 당신이 돈을 내는 것이고,
가치는 당신이 갖는 것이다.
- 워런 버핏

첫 월급을 탔다. 당시는 현금을 월급봉투에 넣어서 주었기 때문에 두툼한 봉투를 받게 된다. 월급봉투를 가족에게 넘겨줄 때는 가장으로서의 책임을 다하고 있다는 자부심을 느낀다. 얼마 지나지 않아 월급이 통장으로 이체되면서 월급봉투의 향수가 사라졌다.

월급을 받아도 남자들은 권한이 없다. 가족이 생활비로 여기 얼마, 저기 얼마 해서 부족할 정도다. 자녀를 학원에 보내야 하는데 월급이 부족하다고 하면서 수강과목을 줄였다고 한다. 거기에 남편이 친구나 동료들에게 한 턱 쏜다고 카드 비용이 추가되면 그달은 적자 생활이다. 직장인의 현실을 보여주는 단면이다.

이러한 직장인의 생활에 안주하게 되면 당신 가족의 미래는 암울해진다. 당신은 직장에서 기껏해야 부장으로 퇴직할 것이다. 회사에서 근무연수가 많아지고 진급으로 월급이 올라간다 해도 이미 직급에 맞게 생활수준이 바뀌어 쪼들리기는 마찬가지이다.

업무와 승진에 영향을 주는 영어공부와 TOEIC 점수를 올리기 위한 자기계발 공부를 많이 했다. 주로 TOEIC 책을 사서 자체적으로 공부를 했다. 그래서 실력이 크게 향상되지는 않았으나 승진에 필요한 점수는 획득했다. 신경영 7·4제 출·퇴근 시기에는 회화 학원에 등록해서 다닌 적도 있었으나 오래 지속되지 못했다. 일반 업무에 필요한 컴퓨터 관련 한글, 엑셀, 파워포인트는 기본적인 회사 교육시스템을 활용하거나 업무를 하기 위해 자연스럽게 배우게 된다. 대기업에서 자격증은 필수항목이 아니다. 승진에 필수조건도 아니다. 대기업에 근무하고 있으면 자격증의 필요성을 못 느낀다. 대부분의 직원들은 자격증 취득을 위해서는 하기 싫은 공부도 해야 하고 업무에 스트레스가 많은데 골머리 아프게 하려고 하지 않는다.

퇴직 일 년을 남기고서야 자격증 하나는 취득해야 하겠다는 절박함 때문에 사회복지사 자격증에 도전했다. 저녁시간과 주말은 자격증 취득을 위한 이론평가 공부에 집중했다. 한 달 걸리는 실습과정은 퇴직 후 마칠 수 있었고 자격증을 취득했다.

국내 최고의 기업인 삼성전자 직원들의 자기계발 항목을 확인해 보자. 2014년 삼성 커뮤니케이션 디자인 랩에서 조사하여 삼성전자 직원 1,373명이 참여한 결과는 다음과 같다. 1위는 '글로벌 커뮤니케이션 능력을 갖기 위한 외국어'로 44.7%이다. 2위는 '신체 건강을 위하여 꾸준하게 체력관리를 한다'가 16.4%, 3위는 '전문성을 높이기 위한 업무스킬 향상'이 8.6%, 4위는 '다양한 문화생활' 7.8%, 5위는 '지금으로 충분' 답변이 5.6%, 6위가 '자격증 도전' 5.2%이다.

삼성전자 직원들의 자기계발 실태를 보면 외국어 능력이 44.7%로 월등한 우위를 차지하고 있다. 자기 몸값을 높이는 자기계발로는 업무스킬 향상이 8.6%, 자격증 도전 5.2%로 전체적인 비중이 낮은 것을 알 수 있다.

고등학교 동기 중에 철인3종 경기를 즐겨 나가는 친구가 있다. 수영, 사이클, 마라톤의 세 종목을 휴식 없이 연이어 실시하는 경기로 극한의 인내심과 체력을 요구하는 경기다. 동기가 출전하는 70.3 아이언맨 코스는 수영 1.9km, 사이클 90.5km, 마라톤 21.1km로 합계 113.5km이다. 제한시간은 7시간이라고 한다. 이 경기에 참가하기 위해서는 지치지 않는 몸을 만들어야 한다. 경기 일정이 잡혀 연습에 들어가면 매일 수영장에 가서 연습한다. 사이클은 매주 1회 이상 50~100km, 마라톤도 일주일에 3회 정도 10~20km를 달린다. 인간의 한계에 도전하는 운동이다.

경기를 마치고 난 후 성취감은 말로 표현하기 힘들다고 한다.

자기계발은 이런 친구들이 제대로 한다. 열정과 도전정신이 몸에 익숙해져서 가만히 있지 못한다. 여유 시간에는 무언가를 해야 마음이 편하다고 한다.

친구는 현직에 있으면서 기술사 자격증에 도전하여 기계기술사 자격증을 취득했다. 성공하니 나니 다른 기술사 자격증도 취득하고 싶은 욕심이 생겼다고 한다. 그렇게 시작하여 퇴직하기 전까지 5개의 기술사 자격증을 취득했다. 중도에 퇴직하자 대학과 공공기관에서 러브콜이 오고 자기가 원하는 곳을 선택하며 들어갔다. 5개의 기술사 자격증은 친구의 인생 후반을 변화시켰다. 자신이 좋아하는 일을 할 수 있는 기반을 회사 다니면서 이루었다.

이 친구는 진정으로 자신이 원하는 일을 했다. 자격증을 취득하면서 진정한 행복을 느낀 것이다. 자격증에 숨겨진 가치를 일찍 찾은 것이다. 자기계발을 하기 위해서는 의식변화가 필요하다. 지금까지 갖고 있던 당신의 의식에 커다란 변화를 주어야 한다. 의식변화와 함께 직장인이 자기계발을 하는 데 지켜야 할 다섯 가지 원칙을 생각했다.

첫째, 현재 하고 있는 자신의 일과 함께하라. 자신에게 "내가 하는 일에서 어떤 기회와 가치가 있는가?"라는 질문을 던져본다. 지금 자신이 하고 있는 일에서 기회를 찾고 가치를 확인하게 된다면 일에 대한 만족감도 저절로 생기게 된다.

둘째, 새로운 것을 익히고자 하는 습관을 가져라. '새로운 것을 배울 때 가장 행복하다'라는 말이 있다. 사람은 본능적으로 자신이 몰랐던 지식을 새로 습득할 때 기쁨과 행복을 느낀다. 배움의 습관을 들이기 위해선 지치지 않는 열정과 자기관리가 필요하다. 남을 따라서 하기보다 스스로 만들어내는 창조성을 익혀야 한다.

셋째, 열정을 갖고 도전하라. 어떤 일에서건 가로막는 장애물이 있게 마련이다. 장애물을 넘는 데는 여러 번의 시도가 필요하다. 여러 번의 시도가 이루어지는 가운데 당신을 절망 속에 빠지게 할 수도 있다. 장애물을 넘는 과정은 자신을 더 단단하게 단련시켜주는 훈련이다. 장애물을 피하지 않고 즐길 때 열정은 샘솟고 도전은 계속 이루어진다.

넷째, 일에 있어서 유연한 사고를 가져라. 직장에서 일을 하고 있다는 것은 당신을 보증해 주는 보증수표이다. 그러나 직장에서 하는 일로 인해 당신이 자기계발하는 데 저해가 돼서는 안 된다. 직장에서 당신이 하는 일을 좋아하는 것과 자기계발하는 것을 구분하여 대처하는 유연한 사고가 필요하다. 당신이 하는 일과 자기계발 하는 것에서 부정적인 면보다는 긍정적인 면을 생각한다. 그러한 가운데 양쪽에서 장점도 발견할 수 있다.

다섯째, 비전을 갖고 행동하라. 사람은 밖으로 표현을 하지는 않지만 자신만의 비전을 가지고 있다. 그 비전을 일과 자기계발에서 찾을 수 있어야 한다. 그러면 일에 대한 의욕도 높아지고 자기계발을 하는 가치와 보람을 느낄 수 있다. 대부분의 직장인들은 비전을 찾을 수 없다는 이유로 이직을 한다. 비전은 사람의 마음을 움직이게 하는 힘이 있다. 비전은 일에 대한 사랑과 열정을 불러일으키는 촉매 역할을 한다.

이제까지 당신이 해오던 자기계발은 회사의 업무를 위한 자기계발이다. 취업포털 사람인에서 조사한 결과에 의하면 직장인 열 명 중 한 명 정도만이 인생 2막을 위한 고민을 하고 있다고 한다. 앞으로는 당신도 인생 2막을 위한 고민을 하고 자기계발을 해야 한다. 당신의 의식을 바꾸고 생활을 바꾸면 된다. 성공적인 삶을 살고 있거나, 앞서 퇴직한 선배들의 조언은 한 가지이다. 현직에 있을 때 자기가 좋아하는 일을 찾고 인생 2막을 위한 자기계발을 하는 것이다. 자기계발 과정에서 돈이 많이 들게 된다. 회사에서도 시설보전비로 10%는 따로 떼어놓는다. 이제는 당신의 가치를 높이기 위한 비용으로 월급의 10%를 따로 떼어놓는다고 생각하면 된다. 자기계발 과정에서 발생하는 실패의 경험은 당신을 더욱 단단하게 만들 것이다.

은퇴 후를 위한 자기계발에 시간과 돈을 투자해야 한다. 월급에서 10%를 자신의 자기계발비로 확보하고 아낌없이 투자하라. 평생 현역으로 살 수 있는 일을 찾아 경험하는 데 돈을 투자하라. 회사에서 당신이 하고 있는 일이 될 수도 있다. 당신이 좋아하는 일을 하는 데 자격증이 필요하면 자격증을 취득한다. 다른 사람을 위한 상담이나 강연을 하기 좋아한다면 성공 덕후를 찾아가서 배우면 된다. 회사 다니면서 준비하는 것이 비결이다. 회사를 다닐 때는 당신의 신분이 보장되고 모든 면에서 유리하다. 돈이 들어오는 파이프라인을 구축하는 데 투자한다. 퇴직하게 되면 월급이 없어지나 시간이 많아진다. 늘어난 시간을 활용하여 기존 파이프라인을 더 활성화하게 되면 소득이 늘어난다.

 직장인 자기계발을 위한 5가지 원칙

첫째, 현재 하고 있는 자신의 일과 함께하라.

둘째, 새로운 것을 익히고자 하는 습관을 가져라.

셋째, 열정을 갖고 도전하라.

넷째, 일에 있어서 유연한 사고를 가져라.

다섯째, 비전을 갖고 행동하라.

05

기존의 스펙과
학력은 잊어버려라

인간은 선천적으로는 거의 비슷하다.
후천적으로는 큰 차이가 나게 된다.
- 공자

　당신은 이력서에 기록하기 위한 학력과 스펙 쌓기에 얼마나 많은 투자를 했는가? 기본적으로 학력은 당신 자신보다 부모의 노력과 열정에 의해서 이루어진다. 배움이 어려운 시절 학력이 부족했던 부모들은 자녀를 통해 학력 대리만족을 하려고 한다. 학력이 높은 부모들은 자녀들이 부모 자신보다 더 높은 학력을 갖기를 원한다. 부모 세대에는 학력만 갖고도 부자의 자손인지 빈자의 자손인지 알 수 있었다. 부모 세대에는 스펙이란 단어가 의미가 없었다. 학력만으로도 충분했다.

　요즘 취업준비생들은 스펙 쌓기에 모든 시간과 노력을 투자한다. 학력만 갖고 우열을 가리는 것이 어렵게 된 것이다. 대학 졸업장은 다 있다. 이제는 어느 대학 나왔는지가 중요하다. 서울·수도권 대학인지 아니면 지방 대학인지로 구분한다. 지방 대학을 나오면 수준이 낮다고 알아주지 않는다. SKY대학들도 지방에 캠퍼스를 설립하고 운영하지만 지방에 있는 캠퍼스는 지방대학으로 평가한다. 그래서 지방대학 나온 학생들은 서울·수도권 대학의 석사나 박사과정에 지원한다. 그렇게 해서 최종 학력은 서울·수도권 대학으로 바뀌게 된다.

서울·수도권 대학을 나온 취업준비생만으로도 취업 경쟁률이 차고 넘친다. 그렇다 보니 이제는 스펙 경쟁을 하고 있는 것이다. 외국어를 잘하기 위해서는 방학을 이용하여 어학연수를 가는 것은 기본이다. 기회가 되면 교환학생으로 갔다 오기도 한다. 제2외국어, 동아리, 인턴, 대외활동, 아르바이트, 배낭여행, 해외봉사활동과 공모전을 해서 수상을 해야 평가에 우위를 선점한다. 대학생들은 공부도 해야 하지만 학년별 스펙 쌓기를 위한 계획을 세워 스펙 쌓기 도전을 한다. 이러한 바람도 학생 자신보다는 부모가 나서서 부추긴다. 스펙 인플레이션이라는 말이 나온다. 상황이 이렇게 되자 고위 공직자들은 직위를 남용하면서까지 자녀의 스펙 쌓기를 지원하고 있다.

자녀의 스펙을 쌓기 위해 한 고위 공직자는 자신과 가족의 지위를 이용하기도 했다. 자녀의 대학 입학을 위해 봉사활동과 해외성적을 위조한 자료를 근거로 입학원서에 스펙을 기록하게 했다. 대학생이 된 자녀의 스펙을 위해서는 대학 동문 등 인맥을 활용했다. 인턴 근무 증명서 발급, 인턴 기간에 해외봉사활동, 대학 논문 제1저자 등재 등의 스펙을 쌓았다. 자녀 혼자 힘으로는 불가능한 스펙들을 부모 찬스로 힘들지 않게 획득한 것이다.

하지만 이렇게 쌓은 스펙은 직장을 나오게 되면 무의미하게 된다. 스펙은 당신이 좋아하는 일을 하기 위한 평생 현역의 길을 가는 데 도움이 되지 않는다. 인생 후반에 당신의 스펙과 학력은 오히려 거추장스럽다. 당신이 스펙과 학력을 쌓기 위해 노력한 일련의 과정들이 추억은 될 수 있다. 스펙과 학력을 쌓아가는 과정들에서 사회의 모순된 면을 발견할 수도 있다. 한국 사회의 잘못된 교육 시스템으로 당신이 피해를 입었다고 느낄 수도 있다. 그러나 사회의 현실은 냉정하다.

창의경영의 대가로 불리는 게리 헤멀Gary Hamel 교수는 조직에 공헌하는 인간의 능력을 여섯 단계로 나누었다.

최하위 6단계는 순종Obedience이다. 회사의 방향과 규칙을 잘 따르고 지키는 단계를 말한다. 5단계는 근면Diligence이다. 회사에 일찍 출근하고 상사가 지시한 업무를 수행하기 위해서는 퇴근이 늦어져도 괜찮다는 단계이다. 4단계는 지식Intellect이다. 좋은 학력과 외국어 구사 능력을 가지고 신기술을 배우는 데 노력을 보이는 단계이다. 3단계는 추진력Initiative이다. 도전정신으로 새로운 방법을 모색한다. 생각에만 머물지 않고 행동으로 옮기는 단계이다. 2단계는 창의성Creativity이다. 아이디어로 남들과 차별화하는 단계이다. 최상위 1단계는 열정Passion이다. 난관을 극복하고 목표를 이루게 하는 힘. 조직에 전파되고 조직원을 한 방향으로 모으는 단계이다.

최하위 6단계에서 4단계까지는 범용화 된 역량을 말한다. 언제든지 효율이 더 좋은 인력으로 대체가 가능하다. 따라서 실제 갖추어야 할 능력은 3단계의 추진력Initiative과 2단계의 창의성 Creativity 그리고 최상위 1단계의 열정Passion이라는 능력이다. 대학을 나오고 석사, 박사학위를 취득한다든가 취업을 위해 쌓아놓은 스펙은 4단계까지의 능력이다. 이처럼 누구나 할 수 있는 스펙 쌓기 경쟁은 4단계에서 머무르게 된다. 스펙에 의존하다 보면 당신이 높은 단계로 이동하는 데 방해가 될 수도 있다.

직장인 10년 차라면 게리 헤멀 교수가 제시하고 있는 6단계 중 3단계 추진력은 업무를 하면서 능력개발이 되었다고 본다. 당신에게 필요한 것은 2단계의 창의성과 1단계의 열정이다.

인생 후반을 평생 현역으로 이어가기 위해서는 의식변화와 함께 규칙적인 습관이 필요하다. 신입사원 시절 가정을 이루기까지 기숙사에서 생활했다. 회사는 산중턱에 위치하고 있었고 통근버스를 이용하여 출근했다. 아침 일찍 일어나서 출근 전 조깅하는 습관을 길렀다. 아침에 조깅하면 머리도 맑아지고 건강관리에도 많은 도움이 된다. 한때 C형 간염이 유행했었다. C형 간염자는 식단도 따로 하고 사용하는 수건이나 용품을 따로 사용하도록 했다. 하루는 조깅을 하는데 몸이 찌뿌둥한 기운을 느꼈다. 증상이 C형 간염인가 하는 생각이 들었다. 건강검진을 한 결과 C형 간염 면역항체가 생겼다고 한다. 조깅이 C형 간염을 이겨낸 것이다. 한미 정상외교에서도 조깅 관련 사례가 있다.

1993년 7월 정상외교를 위해 클린턴 대통령이 한국을 방문했을 때, 김영삼 대통령과의 '조깅 외교'는 최초의 사례로 꼽힌다. 김 대통령은 클린턴 대통령과 청와대 녹지원에서 2.9km를 달렸다. 김 대통령은 조깅 전날 참모들에게 "내가 클린턴한테 안 질 끼다."라고 말했다고 한다. 그해 11월 정상회담을 위해 김 대통령이 미국을 방문했을 때도 클린턴 대통령과 백악관 주변 조깅 트랙을 함께 달렸다.

규칙적인 습관을 통해 인생 후반 목표를 성공적으로 달성하기 위해서는 당신의 결심을 요구한다. 당신의 습관 요소를 선정하는 데 도움을 주는 성공하는 한국인의 7가지 습관이 있다.

첫째, 규칙적 기상 습관. 당신이 모르고 있던 주도적 실행능력을 회복하게 해준다. 둘째, 아침 묵상 습관. 당신이 갖고 있는 고정관념으로부터 벗어나 플러스 사고력과 추진력을 키울 수 있게 해준다. 셋째, 효율적 시간 관리. 당신이 새로운 일을 추구하는 데 목표 중심의 인생 관리를 할 수 있도록 하고 당신의 능력을 함양시켜준다. 넷째, 뿌리 깊은 독서 습관. 책을 읽는 것은 자기혁명을 위한 것이다. 당신이 살면서 인생 밑바탕에 깔려 있던 근본 토양을 뒤집어 놓는 혁명이 일어날 수 있다. 다섯째, 꾸준한 건강관리 습관. 당신이 인생의 목적을 달성할 수 있도록 강건한 체력을 유지하게 해준다. 여섯째, 감사 일기 습관. 자기 성찰적 사고의 선순환을 완성시켜준다. 일곱째, 공감적 대화 습관. 상대방과 대화를 할 때 타인을 진정으로 이해하는 태도를 갖게 해준다. 각 습관의 궁극적인 도달 목표를 이해하고 실천해본다. 습관이라는 각각의 요소가 당신의 몸과 마음, 생활 전체에 새로운 활력으로 변화를 줄 수 있다.

당신의 인생 후반은 당신 자신이 책임져야 한다. 이제까지 힘들게 쌓아온 스펙과 학력을 퇴직 후에도 어딘가 써먹어야지 하는 미련을 갖게 되면 허송세월을 보내게 된다. 그것들은 당신이 직장이라는 울타리 안에서 다른 사람들보다 나은 생활을 하기 위한 수단이었을 뿐이다. 당신의 인생 후반에는 스펙과 학력은 잊어버려라. 과감하게 버리고 새로운 준비를 해야 한다. 규칙적인 습관으로 지속적인 건강관리를 해야 한다. 밑바닥부터 새로 출발한다는 마음가짐이 중요하다. 『성경』에도 '새 포도주는 새 부대에 담아야 한다'고 한다. 새로운 경험을 쌓고 당신이 잘할 수 있는 일에서 노하우를 축적하여 인생 2막을 준비하길 바란다.

▶ 성공하는 한국인의 7가지 습관

첫째, 규칙적 기상습관

둘째, 아침 묵상 습관

셋째, 효율적 시간 관리

넷째, 뿌리 깊은 독서 습관

다섯째, 꾸준한 건강관리 습관

여섯째, 감사일기 습관

일곱째, 공감적 대화 습관

06

인생 후반,
진로를 결정하라

나는 가슴이 이끄는 대로 살고, 새로운 것에 도전하며, 상상한 것을 실현한다.
내 꿈과 열정에 솔직한 것, 그것이 내 삶이고 경영이다.
- 리처드 브랜슨

"당신은 인생 후반을 위한 진로를 생각해 본 적이 있습니까?"

이 물음에 대부분의 직장인은 머릿속이 복잡하다. 기껏 하는 말
이 "생각해보는 것 자체가 두렵기도 하고 어떻게 진로를 구상해야
할지도 모르겠다."고 한다. 이렇게밖에 말을 못하는 것이 답답하
기도 하지만 누구 하나 속 시원하게 얘기해주는 사람도 없다. 그
렇다, 누가 당신의 앞길을 이래라저래라 할 수 있는가? 그것은 당
신이 풀어야 할 숙제다. 해답은 당신의 꿈에 있다. 꿈에 따라 인
생항로를 설정하면 된다. 만일 꿈이 없다면 지금이라도 꿈을 꾸어

제3장 인생 후반 준비를 위한 원칙을 세워라

155

보라. 꿈이 없는 인생은 목표도 없고 삶의 의미도 없다. 그냥 의미 없이 시간을 버리며 허송세월하게 된다.

인생 후반 진로를 결정하기 위한 수단으로 SWOT 분석을 이용해서 알아보자. SWOT 분석은 방법론적으로 간결하고 응용범위가 넓은 일반화된 분석기법으로 여러 분야에서 널리 사용되고 있다. 이 분석방법을 40대 직장인 자신에게 적용해 본다.

첫째, 강점 Strength**: 자신의 강점을 적어 본다**

: 젊은 혈기의 열정과 도전정신, 전문분야 업무수행, 고객과의 신뢰 구축, 업무분야 전문가 수준 달성, 다양한 독서 지식, 책임감, 인맥관리

둘째, 약점 Weakness**: 자신의 약점을 적어 본다**

: 사오정 위기, 세 명의 자녀(학생), 퇴직 후 준비 안 됨(변화 의지 부족), 잘하는 취미 없음

셋째, 기회 Opportunity**: 외부환경에서 비롯된 기회를 적어 본다**

: 신규 프로젝트 창출, 구조조정 시 전문분야 인력 수급애로, 전문분야 리더 필요

넷째, 위협 Threat**: 외부환경에서 비롯된 위협을 적어 본다**

: 구조조정 대상 시 수입원 없어짐, 퇴직하는 순간 가족 수입원 해결 시급, 퇴직 시 준비된 계획이 없음, 퇴직 후에는 정보 획득 더 어려워짐

위의 분석결과 자신은 현업에는 전문가인데 사오정이 될지 모

르는 위기에 처해 있다. 하지만 신규 프로젝트가 창출되면 리더 자리 수요가 있어 구조조정 대상에서 제외될 수 있다고 보고 있다. 즉 신규 프로젝트 창출이 성공하든지 아니면 퇴직대상이 되어 삶의 고충을 겪게 된다. 따라서 우선은 신규 프로젝트 창출을 성공시키는 것이 최선의 목표가 된다. 다음으로 현직에 있는 동안 퇴직 후 준비를 해야 하겠다. 이처럼 40대 직장인은 잘하는 취미도 없고 회사 일에만 집중하다 보니 인생 후반 진로가 보이지 않는 경우가 대부분이다.

대학입학 시 전공 선택은 졸업 후 돈 되는 인기학과에 지망하게 된다. 자신이 무엇을 잘할 수 있는지는 후순위로 밀린다. 부모의 의지와 주변사람들로부터 받게 될 시선을 먼저 인식하게 된다. 고등학교 다닐 때 인생 진로는 좋은 대학 인기학과에 가는 것이 목표였다. 대학 입학을 하게 되면 다음 목표의 우선순위는 대기업이나 공공기관에 취업하는 것이다. 그러나 취업 후 다음 인생 목표를 설정하는 직장인은 몇 명 되지 않는다. 취업 이후의 인생 목표설정에 대한 학교 교육이나 인생 교육이 없기 때문이다. 부모세대가 그렇게 살아왔기 때문에 취업 후 목표가 있어야 한다는 것을 가르쳐주는 사람이 없다. 공부는 학교 선생이나 교수들 같은 학자들이나 평생 하는 것으로 알고 살아왔다. 그래서 학생시절에 좋은 대학 가기 위해 모든 에너지를 다 쏟아붓는다. 부모의 열정은 학생보다 더하다. 자식이 좋은 고등학교에 배치받고 좋은 학원에 등록하여 공부하기를 원한다. 자식 둔 부모들이 빚을 내서라도 강남으로 이사 가려는 이유이다. 부모의 바람에 보답하기 위해서 자기가 좋아하는 진로가 아닌 부모가 원하는 진로를 선택하게 된다. 대학에 입학하게 되면 심적으로 해방감이 몰려온다. 부모가 원하는 욕구를 달성했다는 심적 부담에서의 해방감, 대학에 들어가기 위한 공부의 스트레스에서 벗어나는 해방감이다. 대학은 자기 분야에 대한 깊이를 더하는 학문을 연구하는 곳이다. 그런데 학생들은 오히려 공부에서 멀어지고 싶어 한다. 오직 취업 이상의 목표를 생각하지 않는다. 취업해서는 직장 생활에 필요한 지식 습득을 위해 열심이다.

아버지는 농사지을 수 있는 마땅한 밭뙈기 하나 없었다. 도시로 나가서 기술을 배워야겠다는 꿈을 갖고 중심지 번화가로 진출했다. 양화점 기술자로 성실하게 일을 하면서 사장과 고객들의 신뢰를 얻었다. 기술 습득도 빨랐으며 관련 기술자들과의 인간관계도 착실히 닦았다. 도로변 점포가 가능한 전셋집을 얻고 작은 양화점을 시작했다. 이전 양화점 고객들이 아버지가 차린 양화점으로 옮겨와 단골이 되고 꾸준히 성장세를 나타냈다.

초등학교 시절 양화점에서 일하는 아버지와 직원들을 보면서 성장하다 보니 저절로 기술을 익힐 수 있었다. 점포 달린 전셋집에 살면서 아침저녁으로 점포 문을 열거나 닫는 일을 돕고는 했다. 단골고객들에게 좋은 품질의 물건을 제공하기 위해 항상 열심히 일하는 부모님과 직원들의 모습을 보면서 성장했다.

초등학교 6학년 때였다. 제주에서 부산으로 가던 남영호가 침몰하는 사고가 발생했다. 인명피해가 326명이나 되는 큰 사고였다. 친구가 같이 모금활동을 하자고 해서 모금함을 만들고 거리에 지나가는 사람들에게 모금함을 내밀었다. 둘이서 모금함을 만들고 거리에 처음 나설 때는 쑥스럽기도 했다. 하지만 희생자들의 아픔을 같이 나누어 가진다는 마음을 되새기면서 열심히 모금활동을 했다. 초등학생 두 명이 길거리 모금해서 얻은 얼마 안 되는 돈이지만 방송국에 전달했다. 이 사실이 라디오에서 오늘의 모금현황으로 방송을 타면서 동네사람들에게 알려졌다. 동네사람들이 어린 나이에 생각이 장하다며 칭찬을 해주었고, 부모님에게는 자식 잘 키웠다는 말을 했다. 사고 희생자들의 아픔을 함께 나누고 도움을 줘야겠다는 순수한 생각으로 친구와 했던 모금 활동이 동네사람들에게서 따뜻한 칭찬의 말로 돌아왔다.

어린아이들의 마음에는 어떠한 사리사욕이 없고 순수함만이 깃들어 있다. 초등학교 시절 선생님이나 동네 어른들이 "커서 무엇이 되고 싶으냐?"는 질문을 한다. 대답은 그때마다 바뀌었다. 한 번은 "대통령이요." 하기도 했고, 기술자 중에 권투를 하는 형이 있어서 "권투선수가 되겠다."고 말을 하곤 했다. 그러나 대학을 마치고 대기업에 취직하면서 직장 생활이 곧 나의 삶이 되어

버렸다. 아침에 별 보고 출근해서 저녁에 별 보고 퇴근하는 일이 일상이 되면서 나의 꿈은 어디에 있는지 확인해 보지도 못했다.

미국의 강철왕 앤드루 카네기는 "우리가 무엇을 생각하고 있는지 아는 것이 중요하다. 당신이 생각하는 것이 당신을 만든다. 즉 우리는 자신의 생각을 바꿈으로써 인생을 바꿀 수가 있다."라고 말했다. 꿈을 찾기 위한 여행을 떠나는 것도 좋은 기회가 될 수 있다. 프랑스 소설가 아나톨 프랑스는 "여행은 우리의 사는 장소를 바꿔주는 것이 아니라, 우리의 생각과 편견을 바꿔주는 것이다."라고 말했다. 여행이 당신의 생각과 편견을 바꿔주고, 새로운 활력을 주고, 새로운 꿈이 자연스럽게 떠오르게 할 수도 있다.

대부분의 사람들이 꿈을 찾는 일을 하지 않는다. 그래서 직장인에게 "당신의 버킷리스트를 적어 보세요."라고 하면 무엇을 어떻게 적어야 하는 것인지 몰라 옆 사람 눈치를 보고 있다. 분명히 어릴 적에는 꿈이 있었다. 그 꿈은 언제부턴가 잊혀진 지 오래다. 직장 생활을 잘해서 정년까지 근무하는 것이 인생 목표가 되어 버린 것이다. 당신이 여행을 떠나기 위해 준비한다고 생각해 보라. 어디로 갈 것인지, 무엇을 준비해서 갈 것인지 관련 정보를 찾아보고 준비하게 된다. 혹시 준비하면서 빠진 것이 없는지도 점검할 것이다. 인생 후반 목표가 없는 직장인은 지금 다시 어릴 적 꿈을 깨워야 한다. 지금 다시 꿈을 찾고 당신의 인생 후반 진로를 설계해야 한다.

07

스펙보다
평생 직업을 위한 일을 찾아라

열망을 실현하기 위해 명확한 계획을 세우고 즉시 시작하라.
준비가 됐든 안 됐든, 이 계획을 실행에 옮겨라.
- 나폴레온 힐

"Y군, 사무실 입구에 놓는다는 발판 제작이 어떻게 되었지?"

"예, 제작은 다 되었는데 피막작업에 들어갔습니다. 내일 갖고
올 수 있습니다."

"그래, 수고했어. 빨리 보고 싶지?"

Y군은 입사한 지 몇 개월 안 되는 신입사원이다. 학교에서 배
운 설계 지식을 회사에서 업무에 적용하고 싶어 했다. 마침 사무
실 입구에서 안으로 들어오는데 턱이 있어 불편해하고 있었다. 그
래서 Y군에게 경사진 발판을 설계해서 제작하도록 했다. 설계할

내용을 하자가 없도록 실제 도면으로 옮겨 그리는 것은 간단한 문제가 아니다. 철판 두께의 강도라든가 지지대의 위치 등 설계상의 문제점을 지적해 주었다. Y군은 도면을 수정해서 제작의뢰를 하게 된 것이다. 완성된 발판을 사무실 입구에 위치해 놓았다. 직원들이 오고가며 발판을 밟고 지나간다. 직원들의 반응은 아주 좋았다. Y군도 자신이 직접 설계해서 만든 발판이 마음에 들었다. 자신이 직접 설계한 것을 제품으로 만들어본 것은 처음인 것이다. 발판을 밟을 때마다 뿌듯해한다.

대기업 30년을 연구소에서 프로젝트에 참여하여 충실하게 일을 해왔다. 자신이 참여한 프로젝트가 하나씩 완료될 때마다 성공했을 때의 성취감은 말로 표현하기 힘들다. 프로젝트 성공의 성취감은 다시 프로젝트 업무에 빠지게 하는 매력으로 작용했다. 이렇게 업무에 몰입한 직장 생활의 이면에는 '대기업에서 정년퇴직하면 인생 후반 편하게 지낼 수 있지도 않을까?' 하는 어설픈 생각을 갖고 있었다. 그 생각은 나의 패착이었다. 40대에 계획했던 자녀들의 취업이나 결혼 예상계획은 퇴직 시까지 이루어진 게 없었다. 생각지도 못하게 사회 환경여건이 빠르게 변화하고 있었다. 대학을 졸업해도 제대로 된 직장에 취업하는 것이 '하늘의 별따기'라고 한다. 또 결혼은 어떤가? 여자의 경우도 직장이 없으면 짝을 찾지 못한다. 젊은이들이 미래를 걱정하여 결혼을 늦추고 있다. 그렇다 보니 인생계획이 뒤틀려버렸다. 퇴직금으로는 자녀부양도 해야 되고 몇 년 버티지 못한다.

　퇴직하면서 회사에서 지원해 주는 전직지원서비스를 이용했다. 지원서비스 업체의 컨설턴트를 통해 내 가치가 얼마나 내려가 있는지 확인했다. 퇴직 후 가족은 이제 좀 쉬라고 하지만 속마음은 편하지 않았을 것이다. 다시 재취업을 해서 월급을 받아와야 하는 현실 속에 마음은 한없이 서글펐다. 대기업에서 근무한 지식과 경험, 기술이 필요한 중소기업에 재취업하여 힘든 직장 생활을 다시 시작했다. 재취업도 감사한 마음으로 받아들였다.

　정년퇴직 2년을 남기고서야 부랴부랴 무엇을 해야 하나 고민을 했다. 직장인은 발등에 불이 떨어질 때까지 변화의 의지가 없다. 매일 프로젝트 문제점과 대책을 수립하고, 상사에게 보고하고, 관련부서와 협조하고 등의 핑계거리가 가득 쌓여 있다. 하고자 하는 의지가 부족하니 자기계발에 미온적이다. 자격증이라도 따야겠다 싶어 할 수 있는 자격증이 무엇이 있는지 확인했다. 대부분 자격증을 따기 위해서는 실습과정이 포함되어 있다. 직장인은 실습과정이 있으면 실습기간만큼 휴가를 내야 한다. 업무와 관련이 있는 자격증이면 보고하고 실습과정을 참여하면 되겠지만 그렇지 않으면 눈치 보인다.

　사회복지사 자격증이 퇴직 후 유용할 것 같았다. 수강해야 할 과목이 14과목이나 되었다. 현장실습이 30일이나 되지만 1년 후 명예퇴직 신청이 예상되어 도전하기로 했다. 이론 과정은 퇴근 후

인터넷 과정으로 교육과 평가를 받으면 된다. 이렇게 마음을 먹고 시작하니 회사에서 퇴근할 때 마음이 가벼웠다. 군대 말년 병장처럼 생각하고 지내기로 했다. 예상대로 1년 후 명예퇴직 신청 기간이 있었다. 계획대로 신청하고 퇴직했다. 그리고 사회복지사 현장실습 기관을 알아보고 등록했다. 인터넷 교육수강생은 제대로 된 시설에서 현장실습하기가 어렵다는 정보가 많았다. 다행히 집에서 멀지 않은 노인복지회관에서 실습을 할 수 있었다. 실습생이 나를 포함하여 다섯 명이었다. 네 명은 서로 대학교는 다르지만 사회복지학과 2년생으로 방학을 이용하여 실습을 나온 것이었다. 자식 또래 학생들하고 주어진 프로그램을 수행하면서 과정을 무난히 마칠 수 있었다. 이제 나에게는 평생 직업을 할 수 있는 사회복지사 자격증이 주어졌다. 이 과정을 마치고 사회복지사보다는 월급이 많은 중소기업에 재취업하여 다시 직장인으로 돌아갔다.

이렇듯 직장인에게는 자신이 자유롭게 사용할 수 있는 시간적 자유가 구속되어 있다. 월급을 받고 시간을 판 것이기 때문이다. 직장인이 평생 직업을 찾는 것은 선택이 아닌 필수가 되었다. 평생 직업을 찾기 위한 퇴직 준비 원칙을 세워보자. 10년 전부터 원칙을 갖고 준비할 수 있다면 충분하다고 판단된다. 너무 낙관적인가? 그럼 5년 남았다고 생각하고 원칙을 세워서 준비하면 된다. 퇴직 경험자로서 당신에게 권할 수 있는 원칙을 7가지로 정리해보았다.

첫째, 자신의 이력서를 작성해 보고 가치를 분석해 본다. 직장 다니면서 취득하면 가치가 상승할 수 있는 자격증을 찾아서 취득한다.

둘째, 자신의 전문 분야로 재취업 가능한 업체를 찾아 본다. 평생 직업을 찾거나 창직하는 데 시간이 필요하다면 재취업도 유용하다. 선배 퇴직자나 취업센터를 통해 재취업 실태를 알아보고 근무 현황 정보를 수집한다. 인맥을 통한 재취업이 가능한지 당신의 인맥을 총동원한다.

셋째, 자영업을 생각한다면 업종을 선택하고 분석해 본다. 운영되고 있는 점포 위치를 알아보고, 잘되고 있는 성공 요인을 분석해 본다. 업종에서 성공한 사람들을 직접 만나는 기회를 만들고 노하우를 들어 본다. 성공 덕후들의 조언에 따르면 "창업하기 전 자신이 직접 3개월 이상 같은 업종에 취업하여 운영 실태를 경험해 보라."고 말한다.

넷째, 인생 2막의 평생 직업을 구체적으로 생각한다. 자신의 전문 분야와 연계해 앞으로 어떤 일을 하면서 수익 창출이 가능한지 구체적으로 판단한다. 글로벌하게 어떠한 직업들이 있는지 찾아 본다. 자신의 취미나 특기와 연관하여 창직할 수 있는지, 수익창출은 어떻게 할 수 있는지 방법을 연구한다.

다섯째, 좋은 습관을 만들기 위한 구체적 계획을 수립한다. 회사 명함으로 당신이 누리는 혜택이 생각보다 많다. 퇴직과 동시에 당신의 명함은 없어진다. 월급은 몇 개월간 받는 실업급여로 바뀐다. 현재 당신의 신분보다 낮아지는 연습을 하고 소비를 줄이는 습관을 길러야 한다.

여섯째, 새로운 인적 네트워크를 구축해야 한다. 기존 회사 네트워크와는 다른 네트워크가 구축되게 된다. 재취업으로 기존 회사와 업무가 연관성이 있으면 네트워크가 연장된다. 그렇지 않다면 당신의 인적 네트워크는 새롭게 구축되어진다. 자신의 성향에 맞는 모임이나 단체에서 만나는 인맥으로 구축해 나가면 된다.

일곱째, 배우자와 인생 후반 평생 직업에 대한 대화를 많이 해야 한다. "말 안 해도 딱 보면 알지?"라고 생각하면 안 된다. 남자는 화성에서 왔고 여자는 금성에서 왔기 때문이다. 인생 후반을 위한 진지한 대화를 많이 나누어야 한다.

당신을 둘러싼 외부 환경은 빠르게 변하고 있다. 당신은 직장이라는 편안함에 빠져 직장 밖이 어떻게 바뀌어 가는지 못 느끼고 있다. 한국은 자녀가 결혼할 때까지는 부모가 책임을 져야 한다는 자녀부양이라는 장벽이 있다. 당신이 은퇴할 시기에도 자녀들은 취업을 못 하고 있을 수 있고 미혼인 상태이다. 당신의 퇴직금은 자녀 결혼비용 충당에도 부족하다. 당신이 받을 수 있는 국민연금 수급 시기는 아직 멀었다. 연금 수령 시에도 금액은 적어지고 화폐가치마저 떨어져 생각보다 도움이 안 된다. 당신은 스펙보다 평생 직업을 위한 일을 찾아야 한다. 인생 2막 준비 너무 늦은 때라는 것도 없다. 지금이 적기이고 가장 빠른 때라고 생각하면 된다.

▶ 직장인 퇴직 준비 7가지 원칙

첫째, 자신의 이력서를 작성해 보고 가치를 분석해 본다.

둘째, 자신의 전문 분야로 재취업 가능한 업체를 찾아본다.

셋째, 자영업을 생각한다면 업종을 선택하고 분석해 본다.

넷째, 인생 2막의 평생 직업을 구체적으로 생각한다.

다섯째, 좋은 습관을 만들기 위한 구체적 계획을 수립한다.

여섯째, 새로운 인적 네트워크를 구축해야 한다.

일곱째, 배우자와 인생 후반 평생 직업에 대한 대화를 많이 해야 한다.

08
현역에 있을 때
최대한 지식과 경험을 쌓아라

인간에게는 한계가 있지만, 그 한계를 뛰어넘는 것은 독서이다.
탁월한 삶을 꿈꾼다면 독서하라.
- 빌 게이츠

직장 다니면서 근무부서를 옮겨 다니기도 한다. 옮겨 다니는 직원을 보면서 한편으로 생각하기에는 능력이 있어서 위에서 키워주는 경우라고 생각하기도 한다.

직장 다니는 동안 해야 하는 업무는 바뀐다. 업무의 내용이 다를 수도 있고 업종이 다를 수도 있다. 직장에서 순환보직 개념으로 직원들을 이동시키기도 한다. 사업부의 경영실적이 좋지 않아 타 지역의 다른 사업부로 전배 가기도 한다. 아니면 다른 직장으로 옮기기도 한다. 이러한 과정은 자신이 하는 업무를 통해 다양한 지식과 경험을 쌓을 수 있는 기회가 될 것이다.

첫 직장은 정밀한 제품을 만드는 곳이었다. 정밀한 설계를 기반으로 한 정밀부품 가공기술 등의 지식과 경험을 쌓을 수 있었다. 제품이 크지 않아서 한 사람이 들고 다닐 수 있으며 완성 제품은 정확도와 정밀도를 요구했다. 개발 프로젝트에 참여하면서 제품이 고객에게 전달되기까지 개발자들이 얼마나 고생을 하는지 주 개발자로서 직접 경험했다. 제품의 요구 성능을 충족하기까지 개발자들은 많은 실패의 경험을 하게 된다. 처음부터 설계를 다시 시작해야 하는 경우도 발생한다. 프로젝트에서 발생하는 문제점을 해결하기 위한 방안을 찾느라 하루 종일 머릿속은 복잡하게 돌아간다. 프로젝트 기간은 정해져 있다. 그 기간을 준수하기 위해 개발자들은 야근과 특근을 밥 먹듯 한다. '월화수목금금금'이 여기서 나오는 말이다. 프로젝트가 성공적으로 종료되기까지 개발자들의 일상은 반복된다.

전직을 하게 되자 업종이 달라졌다. 부품을 옮기거나 조립하는 데도 장비를 이용해야 한다. 생산에 투입되면 조립되어 제품이 나오기까지 혼자 할 수 있는 일이 거의 없다. 모든 일이 협업에 의해서 이루어진다. 특수 업종의 프로젝트로써 전반적인 특성은 같지만 세부추진 방식이 다르다. 제품의 크기나 무게가 이전 직장의 제품과는 다른 만큼 협업의 규모도 달라졌다. 모든 면에서 스케일이 커진 것이다. 엔지니어가 해야 하는 기술적 특성은 동일한 기초에서 시작하므로 적응이 빠르다. 그러나 전직 후에는 인간관계라는 암초가 있다. 익숙했던 곳에서 새로운 곳으로 옮기게 되면 인간관계를 새로이 형성해야 한다. 업종도 달라지고 협업의 규모도 넓어졌다. 프로젝트 팀장은 매일 업무보고를 받고 진행사항을 점검한다. 그날 하겠다고 한 일은 끝내야 한다. 그날 끝내지 못하게 되면 다음 날 팀장으로부터 받는 질책이 더 괴롭다. 그날 일을 끝내는 데 인간관계는 중요하다. 일과 연관된 직원과의 인간관계가 업무를 빨리 끝내느냐 지연되느냐에 미치는 영향이 크다. 그렇다 보니 일보다 부수적인 측면의 여건이 발목을 잡는다. 개발 프로젝트 참여는 '월화수목금금금'의 일상을 반복하게 된다.

연구소 내에서 아이엘에스 부서로 자리를 옮겼다. 부서 업무에는 고객이 사용하는 매뉴얼을 작성 및 편집 후 제본까지 하는 작업이 있었다. 매뉴얼은 하나의 책이다. 직장에서 책을 만드는 업무를 경험할 수 있었다. 이러한 경험은 지금 책을 쓰는 데 많은 도움이 되고 있다.

신규 프로젝트 창출에 성공했다. 프로젝트를 추진하면서 "나를 따르라!"는 구호와 함께 깃발을 흔들었다. 신규 프로젝트는 아무도 해본 경험이 없기 때문에 창의성이 필요했다. 그동안 여러 프로젝트에서 성공과 성취감을 느껴 왔다. 신규 프로젝트는 그러한 추진력과 열정을 바탕으로 진행되었다. 팀원들과 격의 없는 토론으로 창의성을 끄집어내야 했다. 업무를 구분하고 각자 역할 분담도 스스로 자원하는 자세로 성공의 의지를 불태웠다. 그러나 1차 사업결과는 고객으로부터 수집된 자료가 미약하여 분석 후 성과를 제시하는 데 부족한 부분이 있었다. 고객에게 사업결과를 설명하기로 약속한 날이 되었다. 고객에게 설명하기 위해 출발하는 나를 보면서 팀원들이 "김 수석님, 건투를 바랍니다." 하면서 걱정스러운 듯이 얘기를 했다. 고속도로를 운전해 올라가면서 '고객에게 어떤 내용으로 설명하고 이해시킬 것인가?' 하는 생각으로 머리가 복잡했다. 사업결과에 대한 고객의 반응은 긍정도 아니고 부정도 아닌 상태로 마쳤다. 고객 내부적으로 토의가 있었고, 토의 시 제기된 사항을 설명하기 위해 여러 차례 미팅을 하면서 보충자료와 2차 사업의 필요성을 열정적으로 설명했다. 이런 과정을 거치면서 2차, 3차 사업으로 사업이 이어졌다.

이렇게 축적된 직장에서의 지식과 경험은 퇴직 후 중소기업 재취업으로 연결되었다. 중소기업에서 7년간 직장 생활을 하게 되었다. 중소기업에서의 직장 생활을 통해 대기업에서 경험해 보지 못한 또 다른 경험을 하게 된다.

은퇴 후 책을 쓰게 되면서 직장에서의 매뉴얼 제작 경험은 큰 자산으로 돌아왔다. 처음에 매뉴얼을 제작하는 업무는 직원들에게 실망감을 주었다. "내가 매뉴얼이나 만들려고 대학 나오고 직장에 들어왔나?" 하는 생각이 일에 대한 열정에 찬물을 끼얹는 것 같았다. 하지만 매뉴얼 제작은 주 업무를 위한 부수적인 업무라는 인식을 하게 되면서 인식 전환이 되었다.

이처럼 현역에 있으면서 충실하게 쌓은 지식과 경험은 살아가면서 평생 직업을 만들어 가는 데 영향을 주게 된다. 이러한 성공 사례는 쉽게 찾아볼 수 있다.

창의경영연구소 조관일 대표는 직장 생활을 농협에서 시작했다. 신입사원 시절 농협 창구에서 일을 했다. 자신의 전공하고는 전혀 상관이 없는 일이었다. 창구 업무가 고객과의 첫 대면이고 중요성을 인식했다. 창구 업무를 하면서 책을 쓰고 『고객응대』라는 제목으로 출간했다. 임원이 책을 보고 조 사원에게 전 농협 직원에게 고객응대 교육을 시키라는 업무를 주었다. 조 사원은 교육계획을 수립하여 전국의 농협 직원에게 교육을 하게 된다. 농학과를 전공했지만 자신의 업무에 충실했다. 그리고 업무와 관련된 책을 계속하여 출간했다. 그와 같은 업무의 열정이 농협에서 인정을 받아 임원까지 지내고 퇴임했다. 직장에서 충실하게 일하면서 쌓은 지식과 경험은 퇴임 후에도 빛을 발했다. 퇴임 후 강원도 정무부지사를 지냈다. 이후에는 대한석탄공사 사장으로 근무했다. 조 대표는 아직도 현역으로 자신의 일을 하고 있다.

어떻게 현역에서 충실하게 일을 할 것인가 궁금해진다. 일을 하는 데는 충실하게 일을 끌고 가는 사람과 일에 끌려다니며 하는 사람의 특징이 있다. 충실하게 일을 끌고 가는 사람은 첫째, 자신의 일을 구체적으로 분석해 본다. 둘째, 전문가의 조언에 귀를 기울인다. 셋째, 항상 관심을 갖고 일을 한다. 넷째, 일을 하는 데 적극적이며 저돌적이다. 다섯째, 자신이 결정한 방안은 변함이 없이 추진한다. 여섯째, 일의 효율과 능률을 올리는 데 집중한다. 일곱째, 자기만의 획기적인 방식을 만들어서 추진한다. 반대로 일에 끌려다니며 하는 사람은 첫째, 구체적으로 분석해 보는 것이 왜 중요한지 모른다. 둘째, 일에 대한 학습능력이 떨어진다. 셋째, 어쩌다 이룬 성과를 자신의 실력으로 착각한다. 넷째, 일을 하면서 새로운 방식을 적용하는 것을 싫어한다. 다섯째, 일의 성과를 내는 데 질과 양 중 어느 하나만 잘하면 된다고 생각한다. 여섯째, 일을 하는 데 있어서 피드백을 중요하게 생각하지 않는다.

당신도 현역에 있을 때 업무에 충실하면서 평생 직업을 위한 지식과 경험을 쌓도록 해야 한다. 현직에서 충실하게 일하는 습관은 중요하다. 현직에서의 습관이 평생 직업으로 일을 하는 당신의 습관으로 이어진다. "지금 하고 있는 일이 평생 직업과 무슨 상관이 있느냐?"고 반문할 수도 있다. 하지만 지금 하고 있는 일에서 평생 직업을 찾을 수도 있다. 당신이 현직에서 하던 일에서 지식과 경험이 평생 직업을 할 때 유용하게 사용되어질 수 있다. 그리고 현직에서 일하는 습관은 평생 직업을 하더라도 그대로 나오게 된다. 자신이 좋아하는 일을 하다 보면 그것이 평생 직업이 되는 것이다. 현직에서 충실하게 쌓아온 지식과 경험이 당신을 위한 평생 직업의 기회를 열어 줄 것이다.

직장
다니면서
인생 2막
준비하는 법

마흔,
인생 2막을
평생 현역으로
사는 법

01

과감하게
새로운 직업에 도전하라

당신이 할 수 있는 모든 것을, 또는 꿈꿀 수 있는 모든 것을 시작하라.
대담함은 그 안에 천재성과 힘과 마법을 함께 지니고 있다.
- 괴테

"나는 이번 시간 OJT교육을 맡게 된 김 과장인데, 이름이 어떻게 되지?"

"네! 45기 신입사원 '정길동'입니다."

"네! 45기 신입사원 '최관우'입니다."

회사에서는 신입사원이 들어오면 OJT교육을 실시하게 된다. 교육을 맡게 되어 신입사원들 앞에 서면 정신이 맑아진다. 신입사원들은 존경하는 눈으로 선배사원들의 말을 새겨듣는다. 앞으로 같이 근무하게 될 선배사원이다. 첫 대면에 잘 보이고 싶어 한다. 그리고 질문을 스스럼없이 한다. 대담하기까지 하다. 이러한 용기 있는 태도는 신입사원이기에 가능하다.

직장인은 오래 근무하고 직급이 올라갈수록 대담함과 용기가 사라진다. 회사가 요구하는 사람으로 바뀌게 되는 것이다.

회사는 직원들의 마음이 해이해지지 않도록 교육을 시키는 것이 연례행사가 된다. 동기부여 강사를 초청해서 강연을 듣게 하기도 하고, 팀워크를 향상시키기 위한 게임이나 프로그램을 하게 한다. 야외에서 등산 체험을 하기도 하고, 해병대에 입소하여 극기 훈련을 하기도 한다. 회사 임원들이 직접 참여하면서 직장인들을 독려하고 있다.

이러한 분위기는 직장인뿐만이 아니라 연예인들도 동참하고 있다. MBC 방송에서 〈진짜 사나이〉 프로그램을 2014년부터 2019년까지 두 번에 걸쳐 시리즈로 방영했다. 연예인들이 극기 훈련을 이겨내는 모습을 방영하여 일반 청취자들을 끌어들이는 것이다.

이처럼 용기, 극기라는 단어는 사람들에게 묘한 마음의 동요를 일으키게 한다. 군에 갔다 온 남자라면 한 번씩 겪어본 경험들이다. 군 복무 경험이 있는 직원들 보고 "한 번 더 체험을 해 볼까?" 하고 물으면 "무슨 소리 합니까? 선배님이나 체험하고 오세요." 하면서 뒤로 빠진다. 그러나 회사에서 극기 훈련 프로그램으로 실시하게 되면 소가 도살장 끌려가는 모습으로 어쩔 수 없이 하게 된다. 그렇지만 극기 훈련을 하고 나면 저절로 힘이 불끈 솟으면서 "해냈다." 하는 성취감을 느끼게 된다. 직장인에게 변화를 주기 위해서는 하지 않으면 안 되는 상황이 전개되어야만 한다. 직장에서는 승진이라는 제도가 있다. 승진 조건에 의무 단서조항으로 넣으면 자연스럽게 하게 된다. 이것이 직장인의 한계다.

대학 동창 L씨가 경력사원으로 입사했다. 연구소로 배치되어 일을 하게 되었다. H그룹 계열사에서 프로젝트가 종결되어 구조조정이 있게 되자 전직하게 되었다고 한다. 그 이전에는 D그룹 조선소에서 근무했다고 했다. L씨는 대학에서 ROTC를 하고 군에서 장교로 제대했다. 경력사원의 입장에서 L씨는 직원들과의 인간관계 형성에 신중하게 접근했다.

명품 프로젝트에 참여하여 자신의 성과도 도출했다. 하지만 원만한 직장 생활은 오래 가지 않았다. IMF 외환위기가 닥치면서 사업부 소속이 바뀌게 되고 인력을 조정 배치해야 했다. L씨는 자원하는 형식에 의해 타 사업장으로 전배 가는 인력명단에 들어가게 되었다.

L씨는 여러 차례 직장을 옮겨 다니면서 평생 직업을 생각하게 되었다. 타 사업장으로 전배 가서 근무하는 가운데 직장에서 성공할 수 없겠다는 결론을 내렸다. 출장 다니면서도 평생 직업을 할 수 있는 것이 무엇인가 하고 고민을 했다. 기회는 준비된 사람에

게 온다고 했다. L씨에게 우연한 기회가 찾아왔다. ROTC 마치고 자대에서 알게 된 군 동기가 나와서 하고 있는 학원 얘기를 듣게 되었다. 지방에서 수학 학원 할 사람을 찾고 있다고 했다. L씨는 학교 다닐 때 수학만큼은 자신이 있었던 것을 생각해 냈다. 그때 "그래, 이거다." 하는 믿음이 있었다고 했다. L씨는 가족에게 자신의 뜻을 얘기하고 학원 할 장소를 함께 물색했다. 그리고 L씨는 수학 학원을 개설하는 데 필요한 수학 공부를 다시 시작했다.

준비를 마치자 L씨는 직장을 버리고 나와서 수학 학원을 창업했다. 초등학생은 가족이 맡아 가르치고 L씨는 중·고등학생을 가르쳤다. 학원 운영에 L씨와 가족은 서로 궁합이 잘 맞았다. L씨의 실력이 주위 부모들에게 소문이 퍼지면서 학생들이 꾸준히 늘어났다. 직장에서의 연봉을 두세 달이면 벌어들이는 수준까지 학원이 확장되었다. 학원을 하면서 자녀들을 결혼시키고 수익 부동산을 구입하는 등 자수성가하게 되었다.

L씨는 과감하게 새로운 직업에 도전하여 성공했다. 자신이 무엇을 잘하는가를 확실하게 깨닫는 순간 단호히 직장을 버리고 나와서 창업을 했다. 창업은 L씨에게 숨어 있던 능력을 꺼내어 마음껏 발휘하도록 했다. 기존 주위에 있던 수학 학원들과 차별화 정책을 폈다. 원생들의 학습습관을 바르게 관리하자 성적도 올라가게 되었다. 직장 다니면서 창업을 위한 구체적인 준비가 있었기에 빠른 기간에 성공한 경우이다.

백세 시대에는 평생 직업을 요구하고 있다. 부모 세대의 삶만 보고 성장해 온 우리에게 새로운 삶의 도전을 요구하고 있다. 학교 다닐 때는 근면, 성실을 요구했다. 부모들은 열심히 공부해서 좋은 대학에 입학해야 한다고 자녀들을 가르쳤다. 부모들의 논리는 단순하다. 좋은 대학을 졸업해야 좋은 회사에 취업할 수 있다는 것이다. 월급이 많은 회사에 취업을 하면 부모의 할 도리를 다한 것으로 생각한다. 하지만 현실은 다르다. 직장에서 하는 일이 적성에 맞지 않아 퇴직하게 된다. 신입사원 입사 후 1년 내에 삼분의 일이 퇴사를 하고 있다. 3년 안에 삼분의 이가 퇴사한다는 조사 결과도 나온다. 회사의 정년 나이는 60세로 연장되었다. 그러나 현실적으로 직장인이 회사에서 퇴직하게 되는 평균 연령은 50세가 안 된다. 퇴직 후 40년 이상을 살아야 하는 현실에 부딪히게 된다.

L씨는 회사를 여러 차례 옮겨 다녔다. 언제 다시 구조조정의 칼날이 자신을 향할지 모른다고 생각했다. 불안한 회사 생활에 자신과 가족의 미래를 맡길 수 없다고 생각했다. 가족도 계속 직장을 옮겨 다니는 남편을 보면서 불안한 마음을 갖고 있었다. 당장은 월급으로 걱정 없이 살고 있지만 언제 월급이 끊길지 모른다는 불안을 갖게 되었다. 이러한 불안감은 평생 할 수 있는 일을 찾게 하는 원동력이 되었다. 항상 마음속으로 "평생 할 수 있는 일이 무엇일까?" 하는 고민을 하게 되었다. 만나는 사람의 범위도 타 직업에서 일하고 있는 사람으로 넓혀 갔다. 만나는 사람마다 자신의

고민을 얘기하게 되었다. 그러한 노력의 결과는 학원 창업이라는 결실을 가져왔다.

'나비스코'와 '캠벨 수프 컴퍼니'에서 CEO를 지낸 미국의 기업가 더글러스 코넌트의 말은 직장인들의 마음에 와닿는다.

"사람들이 직장에 나와 일하는 이유는 네 가지다. 첫째는 생계를 해결하고, 둘째는 직장이라는 공동체 속에서 인정받고 싶어 하며, 셋째는 배우고 성장하기를 원한다. 마지막으로 가치 있는 일을 해서 업적을 남기고 싶어 한다. 당신이 효과적인 리더가 되고 싶다면 이 네 가지 이유에 집중해야 한다."

당신은 직장인으로 성실하게 일하고 정년퇴임을 할 수 있기를 바란다. 많은 이들이 회사에서 자신에게 주어진 프로젝트를 하면서 생활하는데 익숙해 있다. tvN 드라마 〈미생〉에서 "회사는 전쟁터지만 사회는 지옥이다."라는 말도 직장인에게 두려움으로 다가온다. 직장인의 퇴직 후 자영업 창업 1순위인 치킨 집은 창업보다 폐업이 많다. 이러한 정보들은 직장인을 더욱 움츠러들게 만든다. 그러나 세상은 당신에게 인생 후반 새로운 삶을 준비하라고 한다.

세렌디피티Serendipity의 의미는 '뜻밖의 발견'이다. 고민하고 준비하는 노력이 있어야 뜻밖의 발견도 있게 된다. 당신의 세렌디피티가 당신의 용기, 열정과 도전을 기다리고 있다. 당신도 직장다니면서 과감하게 새로운 직업에 도전하라.

02

출근 전, 퇴근 후 2시간
선택과 집중하라

나만이 내 인생을 바꿀 수 있다.
아무도 날 대신해 줄 수 없다.
- 캐롤 버넷

아침 5시 30분. 알람소리에 손을 뻗어서 시계 알람버튼을 누른다. 이불 속에서 기지개도 펴보고 눈을 껌벅거려도 본다. 몸이 말을 듣지 않는다. 아침 일어나는 시간이 당겨지자 제일 먼저 몸이 반응을 한다.

'신경영 7·4제'로 출근시간이 바뀐 첫날이다. 평소보다 1시간 알람시간이 빨라졌다. 일어나서 씻고 출근준비를 한다. 평소에는 가족이 일어나 밥을 차려주었다. 그런데 오늘은 아직 밤중이다. 하는 수 없이 아침을 회사 식당에서 해결하기로 했다. 회사에 도착하니 직원들이 벌써 식당에 줄을 서 있다. 그러면 식당에서 일하시는 분들은 집에서 몇 시에 일어나고 식당에 와서 직원들 식사를 준비하고 있는 것인가.

사무실에 도착한 직원들의 반응은 제각각이었다. 출근길 교통이 막히는 것이 없어졌다며 모두 출근시간이 단축된 것을 좋아한다. 아침 근무환경이 달라졌다. 아침부터 걸려오던 전화가 안 온다. 회사에서는 7시부터 9시까지를 집중근무시간으로 정하고 사내나 외부에서 걸려오는 전화가 없도록 조치했다. 부서 회의시간도 9시 이후에 하도록 지침을 내렸다. 이렇게 하자 아침에 출근해서 어수선하던 분위기가 신속하게 안정화되고 업무효율이 올라갔다.

오후 4시가 가까워지자 업무정리에 바쁘다. 협력업체 담당자에게 전화를 해서 일의 진척사항을 점검한다. 퇴근시간이 빨라진 것은 좋은데 괜히 미안한 마음이 든다. 7·4제 이전에는 언제 퇴근할 수 있을지 모르고 일을 하고 있을 시간이다. 협력업체 일의 진척사항도 업체가 하루 일과를 마쳐갈 즈음에 전화를 해서 확인하곤 했다. 그런데 오후 4시. 협력업체는 한참 일이 바쁘게 돌아갈 시간이다. 해는 중천에 떠 있는데 퇴근하라니 어쩔 줄 모른다.

처음에는 오후 4시 퇴근을 해서 무엇을 해야 할지 당황했다. 저녁 먹으러 외부 식당 갈 시간도 아니다. 계획이 없으니 일찍 집에 들어가게 된다. 평일에 가족하고 이 시간에 집에 있어 본 적이 없다. 그러니 집에 와도 빈둥거리게 되고 가족은 남편이 일찍 오는 게 귀찮다. 모두들 며칠 하다 말겠지 하는 반응들이었다.

사람은 규칙적으로 이루어지는 행동에 금방 적응하게 된다. 7·4제는 계속되었다. 직원들도 영어 공부를 하든가 취미생활을 하기 시작했다. 회사에서 자기계발 지원계획을 제시했다. 7·4제 기간이 요즘 얘기하는 워라밸Work-life balance 기간이라고 생각된다.

요즘 직장인 워라밸이 대세다. 직장인도 자신들의 시간을 갖고 삶의 즐거움을 누릴 권리가 있다. 부모 세대나 베이비붐 세대가 겪었던 '월화수목금금금'은 그만해야 한다. 워라밸을 하면서도 회사 일을 지장 없이 해나갈 수 있다. 그것은 1993년부터 7·4제를 시행했던 회사의 경험을 벤치마킹하여 현 시점에 맞게 보완하면 된다.

국회는 2018년 2월 28일 주당 법정 근로시간을 52시간(법정근로 40시간+연장근로 12시간)으로 단축하는 내용의 '근로기준법 개정안'을 통과시켰다. 주 최대 근로시간이 현재 68시간(평일 40시간+평일 연장 12시간+휴일근로 16시간)에서 52시간(주 40시간+연장근로 12시간)으로 16시간이 줄어들었다. 근로기준법은 근로자 보호를 위한 강행 규정이기 때문에 노사가 합의해도 52시간 이상 일할 수 없다. 만약 이를 어기면 사업주는 징역 2년 이하 또는 2,000만 원 이하 벌금에 처해진다.

직장인 근로시간을 선진국 수준으로 개선하는 근로기준법 개정안이 통과되었다. 2018년 7월 1일부터는 300인 이상의 사업장이 주 52시간 근무제를 적용받고 있다. 주 52시간 근무제를 일괄 적용하는 것은 한국 산업계의 혁명이라 할 수 있다.

직장인에게 주 52시간 근무제는 혁신적인 기회다. 이전까지는 일과 돈 때문에 회사에서 요구하는 대로 자신의 시간을 팔아가며 삶과의 균형은 생각도 못 했다. 이를 계기로 직장인이 자기계발을 하고 인생 후반을 준비할 수 있는 시간이 되어야 한다.

직장인들에게 자기계발을 하지 않는 이유를 물으면 '시간이 없어서'라는 대답이 많이 나온다. 이제 '시간이 없어서'라는 핑계는 용납되지 않는다. 미국의 발명가 토머스 에디슨은 "변명 중에서도 가장 어리석고 못난 변명은 '시간이 없어서'라는 변명이다."라고 말했다.

누구에게나 동일하게 주어진 것은 하루 24시간이다. 그러나 어떤 사람은 24시간을 48시간처럼 사용한다. 또 어떤 사람은 12시간처럼 사용한다. 자신은 스스로가 어떤 사람인지 잘 모른다. 아무런 계획 없이 시간을 보내다 보면 하루가 간다. 시간 관리를 안하고 있는 사람이다. 그저 되는대로 시간을 사용한다. 잡담을 한다거나 커피를 마신다거나 하면서 시간을 물 쓰듯 한다. 이런 사람에게 24시간은 의미가 없다. 자신의 생활에 목표가 있는 사람은 시간을 관리한다. 24시간을 효율적으로 사용하기 위해 구체적으로 시간계획을 수립한다. 자신에게 집중할 수 있는 시간대를 분석하고 몰입한다. 낭비되는 시간대를 점검하여 시간을 아껴서 사용할 수 있는 아이디어를 낸다. 계획한 시간은 철저히 지키려고 한다. 그 시간만큼은 몰입을 한다. 남들이 24시간이라고 할 때 자신은 48시간의 효과를 내게 된다.

직장인은 출근 전, 퇴근 후 시간 관리에 선택과 집중을 해야 한다. 시간은 당신을 기다려주지 않는다. 시간은 시위를 떠난 화살과 같다. 당신이 나이를 먹을수록 시간은 더 빨리 간다. 40대 당신의 시간은 시속 40km의 속도로 달려가고 있다.

남들보다 아침에 일찍 일어나 시간을 집중하여 사용하는 사람을 아침형 인간이라고 한다. 아침 시간은 누구에게도 간섭받지 않고 집중할 수 있는 시간이다. 이때 집중한 1시간은 평소의 2~3시간의 효과를 낸다. 당신이 알고 있는 성공한 사람들은 아침형 인간이다. 성공한 사람들은 아침 시간에 효율적으로 집중한 것이 성공의 밑거름이라고 한다.

퇴근 후 시간은 자신의 의지가 필요하다. 반드시 퇴근 후 귀가 시간을 정해야 한다. 동료가 시간 킬러일 수 있다. 부서 회식이 시간 킬러일 수 있다. 집에 오면 가족이 시간 킬러가 될 수 있다. 가족과 시간 관리 계획에 대하여 의견을 나누고 동의를 구한다. 어떻게 행동하느냐에 따라 죽은 시간이 될 것인지 살아 있는 시간이 될 것인지 결정된다. 오로지 당신의 마음 결정에 달려 있다.

시간 관리의 선택과 집중을 위해서는 당신의 구체적인 목표가 있어야 한다. 구체적인 목표를 달성하기 위한 시간 관리계획을 수립해야 한다. 계획은 목표 달성시기를 20% 앞당겨서 수립한다. 달성 과정에 어떤 변수가 당신의 시간을 가로막을지 모른다. 20%의 여유를 가짐으로써 변수에 대처하면 예정된 일정 내에 목표를 달성할 수 있다.

한국 최고의 자기경영 전문가로 유명한 공병호 박사가 있다. 공 박사는 새벽 3~4시에 일어난다. 공 박사는 자신의 성공 비결은 새벽 시간 활용을 통한 끊임없는 자기계발이라고 말한다. 공 박사는 매일 계획을 세우고 실행하기 위해 노력하고 수시로 점검한다. 점검하면서 부족한 사항이 있으면 어떻게 해야 하는지를 계속 질문한다. 부족한 것을 개선하기 위한 아이디어를 구상한다. 이러한 끊임없는 노력이 공 박사의 인생을 정상에 올려놓을 수 있었다.

현대 직장인들은 '직장이 자신들의 노후를 책임져주지 않는다'는 것을 잘 알고 있다. 이제는 아는 것을 넘어서 행동으로 실천해야 한다. 야근, 특근을 하던 시절에도 깨어 있는 직장인들은 출근 전, 퇴근 후 시간 관리를 통하여 자기계발을 했다. 시간 관리에 성공한 사람들이 성공한 삶을 살게 된다. 주 52시간 근무제, 이제 당신에게 '시간이 없어서'라는 핑계의 여지가 사라졌다. 인생 후반을 위한 준비를 못 했다고 하면 순전히 '나 게으른 사람이요.'라는 증거다. 하루 24시간을 어떻게 가치 있게 활용하느냐가 당신의 인생 2막을 남들과 차별화할 것이다. 시간 관리의 승자가 되어야 한다. 출근 전, 퇴근 후 당신에게 주어진 시간에 선택과 집중을 하라.

03
인생 2막을 위한
자격증을 취득하라

나는 세상을 강자와 약자, 성공과 실패로 나누지 않는다.
나는 세상을 배우는 자와 배우지 않는 자로 나눈다.
- 벤자민 바버

직장인이 퇴직을 하게 되면 사회에 적응하기 어렵다고 한다. 직장에서 생활하던 직급은 사회에 나오는 순간 없어지게 된다. 직장에서 차·부장, 임원을 하다가 퇴직하게 된다. 하지만 직장에서 직원들을 데리고 일하던 습관은 쉽게 없어지지 않는다. 직원들에게 지시만 하면 업무가 돌아가고 성과가 나왔다. 퇴직 후에는 집 안에 있으면서 가족에게 지시를 한다. 가족은 삼식이 생활하는 남편이 못마땅해 죽겠는데 부하직원 대하듯이 하고 있다. 직장 다닐 때는 유능해 보이던 남편이 퇴직하고 나니 철없는 망나니란 사실을 알게 된다. 이러한 가족은 가정법원에 갈 날이 가까이 와 있다. 가정법원은 요즘 늘어나는 '황혼 이혼' 건수로 몸살을 앓고 있다. 진화론자인 다윈이 그의 저서 『종의 기원』에서 한 말이다.

"지금까지 지구상에서는 강한 자만이 생존한 것이 아니라 변화에 적응한 자만이 살아남았다."

2019년 3월 통계청이 발표한 '2018년 혼인·이혼 통계'에 따르면 지난해 이혼은 10만 8,700건으로 전년보다 2.5%(2,700건) 증가했다. 유배우 이혼율(배우자가 있는 15세 이상 인구 1,000명당 이혼 건수)도 4.5건으로 전년 대비 0.1건 늘었다.

60세 이상 이혼이 차지하는 비중도 2008년 남성 7.3%, 여성 3.6%에서 2018년 남성 14.7%, 여성 9.0%로 두 배 넘게 높아졌다. 2008년까지만 해도 60대는 20대와 함께 이혼 건수가 가장 낮은 연령대였지만, 2018년에는 이혼 건수가 가장 많은 40대, 50대 기록에 육박하는 수준까지 올라섰다.

당신도 인생 2막의 준비가 없으면 '황혼 이혼'을 맞이하게 될지 모른다. 철인3종 경기를 즐기는 고등학교 동기는 기술사 자격증을 취득하여 멋진 인생 2막 현역 생활을 하고 있다. 나의 경우도 인생 2막 준비로 사회복지사 자격증을 취득했다. 당신도 자격증 취득은 직장 다니면서 해야 한다. 그러면 성공적인 인생 2막을 위한 자격증 취득은 어떻게 해야 할까?

   당신이 인생 2막에 무슨 일을 할 것인가에 대한 선택이 필요하다. 자격증에는 국가가 관리하는 국가기술자격이 있고, 민간 기업이나 단체가 관리하는 민간기술자격이 있다. 여기서 민간기술자격증은 유의해야 한다. 2019년 4월 현재 한국직업능력개발원 사이트에 33,208개의 민간자격증이 등록되어 있다. 한국직업능력개발원에서 민간자격을 도입한 취지는 좋으나 소위 '자격증 장사'하는 사람들이 생겼다. 이들은 온갖 감언이설로 구직자들을 유혹한다. 관심은 구직자들의 취업 성공이 아니라 등록 수를 늘려 수익을 올리는 것뿐이다. 자격증을 취득할 때는 국가자격증을 취득하는 것이 바람직하다. 유망한 자격증 몇 개를 살펴보자.

   첫째, 공인중개사 자격증. 인생 2막을 준비하는 직장인들이 많이 취득하고 있다. 퇴직을 같이한 동료 중 N씨는 퇴직 전 공인중개사 자격증을 취득했다. 퇴직 후에는 모 대학의 부동산학과 교수로 재직하고 있다. 젊은 직원 중 J씨는 직장업무에 싫증을 느끼고는 공인중개사 자격증을 취득했다. 공인중개사를 하고 있는 가족과 일을 같이하면 인생 2막을 멋있게 보낼 수 있겠다는 생각을 하고는 퇴직을 했다.

   둘째, 감정평가사 자격증. 부동산 관련 자격증으로 국내 고소득 직업 상위 8위에 속한다. 작년에 65세의 나이로 감정평가사 자격증 최고령 합격자 최 씨가 있다. 작년 11월 삼일감정평가법인에 입사해 20~30대 동기들과 함께 수습 감정평가사로 일하고 있다. 최 씨는 성공적인 사회생활을 해왔다. 이전에 일을 했던 25년의 공직생활 덕에 직책은 고문이지만, 매일 현장에 나가 건물의 가치를 평가하며 발로 뛰고 있다.

셋째, 사회복지사 자격증. 청소년, 여성, 노인, 가족, 장애인, 다문화 등 사회적이거나 개인적 욕구를 충족 받지 못한 의뢰인들을 대상으로 한다. 직장 다니면서 취득하기에는 현장실습이 30일이나 된다는 것이 어려운 일이다. 나의 경우도 이론과정은 퇴직 1년 전에 수료하고 퇴직하면서 현장실습 과정을 수료했다. 직장에서 중도 퇴직한 T씨가 있다. 퇴직 후 연락이 없다가 동료 자녀 결혼식장에서 볼 수 있었다. 무슨 일을 하는지 물어보니 사회복지사 자격증을 취득하고 주간보호센터를 창업해서 일하고 있다고 한다. 아직 소득은 얼마 안 되지만 다가오는 고령화 시대를 예상하면 사업이 확장될 것으로 보고 있다.

넷째, 직업상담사 자격증. 미취업자 또는 구직자에게 구인, 구직 등에 필요한 직업 정보를 제공하고, 적성검사 및 직업심리검사 등을 통해 구직자에게 직업 연계를 해주는 전문 상담사이다. 직장인들이 퇴직 후 하기에 적성이 맞을 것으로 본다. 국비지원으로 직장인이 적은 비용으로 취득이 가능하다.

다섯째, 산림복지전문가 자격증. 최근에 관심을 끄는 자격증으로 숲 해설사를 하기 위해 퇴직자들이 많이 응시하고 있다. 산림청에서 발급하는 자격증으로 산림복지서비스업 분야 취업이나 창업도 가능하다. 등산을 좋아하고 숲과 나무에 관심이 있으면 도전해 볼 만하다. 하루 2~3번 정도 4시간 동안 숲 해설을 준비하고 진행한다.

이 외에도 주택관리사 자격증, 경비지도사 자격증, 손해사정사 자격증, 한국어교원 자격증, 보육교사 자격증 등등 인생 2막에 할 수 있는 자격증이 많이 있다. 남자 퇴직자들 중에는 퇴직 후 요리를 하고 싶어 하는 사람들이 많아지고 있다. 한식요리에 관심이 있다면 한식조리기능사 자격증을 취득하면 된다.

자격증을 취득하기 위해서는 당신에게 맞는 전략을 세워야 한다. 당신이 하고 있는 업무와 유사한 일을 하는 자격증으로 인생 2막의 삶을 살게 된다면 최선이다.

첫째, 자격증의 신뢰성을 따져봐야 한다. 자격증에는 '국가자격증'과 '민간자격증'이 있다. 민간자격증의 경우 다시 국가공인 민간자격증과 일반 민간자격증이 있다. 국가공인 자격증을 취득하는 것이 좋다.

둘째, 자격증이 경력관리에 도움이 되는지를 확인한다. 인기 위주의 자격증이 아닌 자신의 경력과 업무를 우대받을 수 있는 자격증을 취득하면 좋다. 자격증의 이점을 활용하여 취업으로 연결하거나 자신만의 특기를 살릴 수 있는 창업을 검토해 본다.

셋째, 자격증의 수요와 공급 및 비전을 분석해 본다. 정부정책이나 고령화로 변화하는 산업계 동향을 고려하여 미래에 유망한 자격증을 취득하도록 한다. 인생 2막에는 당신이 하고 싶은 일을 하며 사는 것이 중요하다. 당신이 좋아하는 분야에서 필요로 하는 자격증을 알아보고 취득해야 한다. 직업의 수요와 전망, 비전을 검토해 보라.

넷째, 가장 중요한 것은 자격증 취득을 위한 당신의 열정과 노력이다. 주 52시간 근무제가 되면서 '시간이 없어서'란 핑계는 통하지 않는다. 회사 업무는 회사 근무시간 내에 마치도록 한다. 출근 전, 퇴근 후 시간을 활용하라. 자격증 취득을 위한 목표일정을 정하라. 목표달성을 위한 시간 관리계획을 작성하여 실천하라.

인생 2막에도 당신의 현역 생활은 계속되어야 한다. 이제 당신의 적극적인 사고와 행동이 요구된다. 인생 2막을 위한 자격증을 취득하라. 퇴직 후 인생 2막을 준비하기에는 당신을 둘러싼 제약조건들이 많다. 당신이 수익을 빨리 만들어야 한다는 압박감을 갖고 준비한다면 100% 실패할 확률이 높다. 당신이 직장 다니면서 현역을 유지할 수 있는 자격증을 취득했다면 어떨까? 당신은 남들보다 안정된 직장 생활을 할 수 있게 된다. 인생 2막에는 자격증을 활용한 전문 직종에 취업을 해도 된다. 자격증을 활용한 창업을 해도 된다. 당신은 이미 평생 현역의 길로 들어선 것이다.

▶ 자격증을 취득하기 위한 전략 4가지

첫째, 자격증의 신뢰성을 따져봐야 한다.

둘째, 자격증이 경력관리에 도움이 되는지를 확인한다.

셋째, 자격증의 수요와 공급 및 비전을 분석해 본다.

넷째, 자격증 취득을 위한 당신의 열정과 노력이 필요하다.

04

자투리 시간을 이용해
독서를 하라

인간은 항상 시간이 모자란다고 불평을 하면서
마치 시간이 무한정 있는 것처럼 행동한다.
- 세네카

대학 생활은 친척집 다락방에서 지냈다. 친척집은 산 중턱에 위치해 있다. 집에서 버스 타러 가는 데 15분 정도 산을 내려간다. 학교까지는 버스로 1시간 정도 걸린다. 버스 타고 가는 1시간은 나만의 시간이다. 이 시간에 책을 읽기로 하고 서점에서 문고판 책을 몇 권 샀다. 문고판 책은 크기가 작아서 갖고 다니기 편하다. 주로 철학적인 내용의 책을 많이 읽었던 것 같다. 고등학교 시절 인생에 관하여 생각한 것들을 책을 통하여 느끼고 싶었던 것이다. 지금 생각하면 지루하고 못 읽었을 것이다. 대학 시절에 학교를 마치고 집에 돌아오면 나만의 공간인 다락방에서 시간을 보내면서 성경책 등 독서를 하게 되었다. 같이 입학한 동창 친구들은 학교 옆 하숙집에서 거주했다. 만일 나도 친구들처럼 하숙을 했으면 같이 어울려 지낸다고 책을 많이 못 읽었을 것이다. 고대 그리스의 철학자 소크라테스는 말했다.

"다른 사람의 책을 많이 읽어라. 그가 고생하여 얻은 지식을 아주 쉽게 내 것으로 만들 수 있고, 그것으로 자기 발전을 이룰 수 있다."

피아니스트이자 젊은 거장으로 불리는 손열음 씨가 있다. 어린 시절 강원도에 살던 그녀는 매주 2시간씩 차를 타고 서울에 계신 피아노 선생님에게 레슨을 받았다. 책은 이동하는 시간 동안 그녀의 친구가 되어 주었다. 이때 축적된 독서량은 피아니스트인 그녀를 작가와 예술 감독으로 성장할 수 있도록 해 주었다.

그녀는 중앙일보의 중앙선데이지에 최연소 고정 칼럼니스트로서 5년 넘게 매달 칼럼을 기고했다. 이 칼럼들이 모여서 2015년 『하노버에서 온 음악 편지』라는 제목의 책으로 발간되었다. 그리고 2018년 3월부터 그녀의 고향인 강원도에서 매년 평창대관령음악제의 예술 감독으로 활동 중이다.

우리는 배움을 통하여 독서의 중요성을 알고 있다. 독서는 오늘의 나보다 내일의 나를 더 나은 존재로 만들어준다. 독서는 책의 저자가 오랜 시간에 걸쳐 깨달은 지식을 쉽고 빠르게 습득할 수 있게 해준다. 독서의 유용성은 당신도 잘 알고 있는 사실이다. 하지만 당신이 스스로 독서의 습관을 들이지 않는다면 허공의 메아리가 된다. 속담에 '소 귀에 경 읽기'라는 말이 있다. 아무리 좋은 말도 실천을 하지 않으면 자신의 것이 안 된다. 성공한 사람들을 보면서 "그때 나도 저렇게 했으면 성공할 수 있었는데….", 하면서 후회스런 말만 하게 된다. 성공한 사람들은 독서광이었다는 것을 기억하라.

문체부는 만 19살 이상 국내 성인 6천 명과 4학년 이상 초등생, 중·고교생 3천 명을 대상으로 조사한 〈2019년 국민 독서실태 조사〉 결과를 발표했다. 2018년 10월 1일부터 2019년 9월 30일까지 성인의 연간 종이책 독서율은 52.1%, 연간 독서량은 6.1권으로 나타났다. 2017년에 비해 각각 7.8%포인트, 2.2권 감소했다. 연간 독서율은 1년간 교과서, 학습참고서, 수험서, 잡지, 만화를 제외한 일반도서를 1권 이상 읽은 이의 비율이며, 연간 독서량은 1년간 읽은 일반도서 권수다. 이에 비해 전자책 독서율은 성인 16.5%, 학생 37.2%로 2017년보다 각각 2.4%, 7.4%포인트 늘어났다. 초·중·고생의 종이책 연간 독서율은 90.7%, 독서량은 32.4권으로 나왔다. 2017년에 비해 독서율은 1%포인트 감소했으나 독서량은 3.8권 증가했다.

성인의 경우 독서하기 어려운 사유로는 '책 이외의 다른 콘텐츠 이용'(29.1%)이란 응답이 가장 많았다. 2017년까지 가장 주된 사유로 꼽혔던 '시간이 없어서'를 밀어낸 것이다. 디지털 환경의 매체 이용 다변화가 독서율 하락의 주요 원인임을 보여준다는 게 문체부의 분석이다. 처음 통계를 낸 작년의 오디오북 독서율은 성인 3.5%, 초·중·고 학생 18.7%로 파악됐다.

직장인의 하루 24시간을 분석해 보면 헛되이 없어지는 자투리 시간이 많다.

첫째로는 버스, 지하철, 자가용을 이용한 출·퇴근시간이다. 버스나 지하철을 이용하여 출·퇴근하는 사람들의 경우 휴대폰으로 게임을 하거나 음악을 듣는 사람이 많다. 종이책이나 전자책을 이용하여 독서하는 사람은 보기가 어렵다. 휴대폰이 없던 시절에는 카세트테이프로 노래를 들었다. 아니면 책을 읽거나 신문이나 잡지를 읽었다. 자가용을 이용하여 출·퇴근하는 경우에는 주로 라디오 방송을 틀어놓거나 자신이 좋아하는 노래를 듣는다. 2019년 9월 통계청의 'KOSTAT 통계플러스' 가을호에 실린 〈통신 모바일 데이터를 활용한 수도권 근로자의 이동현황〉 보고서에 따르면 서울과 수도권 거주자의 평균 출·퇴근 시간은 약 49분이다. 하루 왕복 1시간 38분이 출·퇴근으로 소비하는 시간이다. 당신은 이 시간을 자기계발 할 수 있는 독서에 활용해야 한다. 주 5일 근무에 8시간 10분, 한 달 20일 근무에 32시간 40분, 일 년 12개월 근무에 392시간(약 16.3일)이 출·퇴근으로 소비하는 시간이 된다. 당신은 이 시간을 최대한 활용해야 한다. 종이책이 어려우면 휴대폰으로 전자책을 읽으면 된다. 자가 운전자라면 오디오북이나 책 읽어주는 비서TTS(Text to Speech, 음성합성기술)를 이용해도 된다. 디지털 시대에 방법은 찾기 나름이다.

둘째로는 점심시간 활용이다. 직장인들의 점심시간은 보통 식사를 하고 나서 커피를 마신다. 커피를 마시며 동료들과 얘기하다 보면 1시간이 훌쩍 지나간다. 공장 근무자의 경우 족구를 하거나 운동장을 한 바퀴 걷기도 한다. 일부는 잠을 자거나 책을 읽기도 한다. 당신이 점심시간의 10분을 책 읽기에 사용한다고 생각해 보라. 주 5일 근무에 50분, 한 달 20일 근무에 3시간 20분, 일 년 12개월 근무에 40시간(약 1.7일)이 된다. 항상 책과 친해지는 습관이 필요하다. 당신의 책상 위에 독서용 책 1~2권을 항상 비치해 두라. 독서하는 모습은 당신의 직장 생활에도 시너지 효과를 주게 된다.

셋째로는 근무 중 이동시간이다. 엘리베이터를 기다리거나 타는 시간이 있다. 전 안철수 대표의 경우 엘리베이터를 기다리는 시간에 책을 읽었다. 회사 건물의 승강기가 느려서 기다리는 시간에 책을 읽는데 한 달에 한두 권은 충분히 읽었다고 한다. 경영자는 바쁜 업무일정에도 1년에 수십 권의 책을 읽는다. 타고 다니는 차량에는 항상 책이 여러 권 놓여 있다. 당신의 가방에도 항상 독서용 책 1~2권을 갖고 다녀라.

속담에 '티끌 모아 태산'이란 말이 있다. 일 년에 출·퇴근 시간에서 약 16.3일, 점심시간에서 약 1.7일을 더하면 약 18일이 된다. 이것을 2년, 3년 꾸준히 해나가면 36일, 54일로 늘어난다. 출·퇴근 시간 버스나 지하철에서 자신만의 시간을 붙잡기 위해 노력하는 사람들이 있다. 그들은 전화로 중국어를 배우고, 좋아하는 영화를 보고, 사랑하는 사람과 통화하고, 영어 단어 하나라도 더 외운다. 당신은 이러한 시간에 책을 펼쳐 독서하는 습관을 길러라. 소설가 마리오 푸조는 잡지사에서 일하면서 틈틈이 시간을 내 유명한 영화 〈대부The Godfather〉의 원작소설을 출간했다.

직장인은 자투리 시간에 무엇을 할 수 있느냐고 한다. 업무에 지친 마음을 잠시 쉬거나 스트레스를 가라앉히는 데 사용하면 잘하는 것이라고 생각한다. 그러나 자투리 시간은 무시할 수 없다. 미국의 100달러 지폐의 인물인 벤저민 프랭클린은 "당신은 지체할 수 있지만 시간은 지체할 수 없다."는 말을 남겼다. 시간은 당신이 지금 이 순간을 얼마나 알차게 보냈는지, 또는 무의미하게 보냈는지 다가오는 인생 2막을 통해 보여주게 된다. 당신도 시간 경영자가 되어 보라. 당신이 시간을 지배할 것인가 아니면 시간의 지배를 받을 것인가. 오직 당신의 자기계발 관리 의지에 달려 있다.

배움을 돈으로 바꾸는 기술을 배워라

> 잠자는 동안에도 돈이 들어오는 방법을 찾아내지 못한다면,
> 당신은 죽을 때까지는 일을 해야만 할 것이다.
> - 워런 버핏

일반적으로 초등학교에서 고등학교 졸업까지 12년을 배운다. 그리고 대학교 4년을 더 배운다. 이렇게 배운 지식으로 직장에 취업하게 된다. 직장인은 직장에서 받는 월급으로 자신의 시간을 팔게 되는 것이다. 기업인들은 월급이라는 저렴한 돈으로 16년 이상의 배움을 갖고 있는 직장인의 시간을 사고 있다. 이것이 불공평하다고 생각한다면 당신의 배움을 월급보다 더 비싼 돈을 받고 파는 기술을 배워야 한다.

배움을 돈으로 바꾸는 기술을 배우는 것은 의식의 차이에서 생긴다. 현재 당신이 갖고 있는 의식은 당신의 배움의 가치를 월

급으로 바꾸는 낮은(가난한) 의식수준이다. 만일 월급 이상의 돈으로 바꾸는 기술을 배우기 원한다면 높은(부자) 의식수준으로의 변화를 요구한다. 성공한 사람들은 일찍부터 높은(부자) 의식을 갖고 변화를 해왔다. 그러면 어떻게 높은(부자) 의식으로 변화를 할 수 있는지를 배워야 한다.

의학박사, 경영학박사인 작가 이노우에 히로유키는 『배움을 돈으로 바꾸는 기술』에서 의식을 바꾸는 일이 얼마나 중요한지를 강조한다. 히로유키 작가는 나폴레온 힐이 쓴 『놓치고 싶지 않은 나의 꿈 나의 인생』을 감명 깊게 읽게 된다. 그리고 도쿄에서 열리는 나폴레온 힐 세미나에 참가하게 된다. 세미나에서 히로유키 작가는 '의식을 바꾸는 일', '강하게 의식하는 일'이 얼마나 중요한지를 배웠다. 저자는 저서에서 이렇게 말했다.

"의식이 변화하면, 자연히 행동도 변화합니다. 행동이 변하면 현실도 변화합니다."

직장인은 직장에서 월급을 받고 자신의 시간을 팔고 있다. 그 결과 직장인은 직장에 구속된 생활을 하게 되고, 월급 이상의 수입을 기대할 수 없게 된다. 직장인의 생활에는 두 가지의 경우가 있을 수 있다. 첫째는 마지막까지 구속된 생활만 하다가 퇴직을 하게 되는 경우이다. 구속된 생활 속에서 인생 2막 준비도 하지 못했다. 자신은 "정년퇴직 시까지 근무한다고 스트레스를 받아가며 할 만큼 했다."라고 정당화한다. 둘째는 구속된 생활 속에서 자신의 지식과 경험을 쌓는다. 자신의 지식과 경험을 돈으로 바꿀 수 있는 방법이 없는가를 고민하게 된다. 구속된 생활 속에서 인생 2막에 무엇을 할 것인가를 찾게 된다. 이러한 노력은 퇴직 후 인생 2막에 하고 싶은 일을 할 수 있는 계기를 마련해 준다.

직장인 중에도 평소 높은(부자) 의식수준을 갖고 실천하는 사람이 있다. 높은(부자) 의식수준을 갖고 있는 직장인은 목표가 뚜렷하다. 직장 생활을 목표를 이루기 위한 하나의 수단으로 생각한다. 수단을 얻기 위해 월급을 받고 시간을 팔고 있는 것이다. 수단은 자신에게 주어진 업무에서 얻어진 지식과 경험이다. 이 지식과 경험은 곧 배움을 돈으로 바꿀 수 있는 밑천이 된다.

H씨는 T사에서 근무하다가 경력사원으로 입사했다. 성격이 활달하고 자신의 업무에 자신감을 갖고 행동했다. 업무에 필요한 배움을 위해서 노력을 아끼지 않았다. IT기술을 기반으로 하는 업무를 하면서 신기술 정보를 수집하고 자신의 업무에 적용할 수 있는 아이디어를 구상했다. 프로젝트에 참여하면서 국내 최초로 IT기술을 기반으로 하는 프로그램 개발을 맡아서 일을 하게 되었다. 개발이 완료되고 나서 H씨는 자신과 뜻을 같이하는 동료와 함께 퇴직을 하고 창업을 했다. 창업 준비는 이미 퇴직 전 사전 시뮬레이션을 마쳤다고 했다. 창업 후 얼마간 H씨는 고전을 했다

고 한다. 창업하면서 바로 수익을 창출할 수 있을 것으로 예상했던 계약 건이 예상보다 지연되었던 것이다. 이후 '국내 최초로 IT 기술을 기반으로 하는 프로그램 개발'의 지식과 경험을 이용한 수익 창출이 조금씩 나타났다. 이러한 과정을 거치면서 창업의 결실을 맺기 시작했다. H씨의 의식은 행동하는 의식이었다. 행동이 변하여 창업이라는 현실을 이루었다. 결과적으로 H씨는 직장에 월급을 받고 단순 시간을 판 것이 아니다. H씨는 직장에서 퇴직할 때 월급 이상의 돈으로 바꿀 수 있는 지식과 경험을 쌓을 수 있었던 것이다. H씨는 행동하는 의식의 소유자로 직장에서의 지식과 경험을 창업으로 연결시킬 수 있었다.

나폴레온 힐이 쓴 『놓치고 싶지 않은 나의 꿈 나의 인생』에는 성공에 이르는 구체적인 행동법칙을 13단계로 나누어 소개하고 있다. 그중에서 의식의 변화와 관련된 다섯 개의 단계에 대해 이해를 구하려고 한다.

첫째, 3단계 자기암시는 놀라운 힘이 있다. 여기서 자기암시는 일종의 자기 최면이다. 자기암시는 자신의 생각이나 소원을 의식적으로 잠재의식에 주입하여 사람들의 인생도 변화시키는 힘을 가지고 있다.

둘째, 5단계 상상력에서 가능성이 나온다. 사람이 상상할 수 있는 것은 무엇이든지 실현될 수 있다. 사람에게 상상력이라는 것이 있지만 초보적인 이용을 하고 있다. 이 상상력을 발휘하여 당신의 소망을 돈으로 전환시킬 계획을 세우라고 한다.

셋째, 11단계 잠재의식을 끌어낸다. 의식은 현재의식과 잠재의식의 두 가지이다. 현재의식에 보내온 모든 정보는 잠재의식 속에 저장된다. 잠재의식은 어떤 아이디어나 정보일지라도 그대로 받아들인다. 자신의 소망하는 정보를 잠재의식에 입력하면 된다. 당신의 의식이 잠재의식을 인정하고 실천해 나가면 된다.

넷째, 12단계 잠재된 두뇌 능력을 계발한다. 잠재의식은 두뇌의 발신 장치이며 여기에서 마음의 진동이 발신된다. 그리고 창조적 상상력의 수신 장치가 이 신호의 에너지를 잡게 되는 것이다. 이 양자의 교신을 성립시키고 있는 것은 자기암시이다.

다섯째, 13단계 육감을 불러일으킨다. 육감은 잠재의식의 일부로서 창조적 상상력과 깊은 관련이 있다. 또 이것은 아이디어, 명안, 착상 등을 포착하는 수신 장치이기도 하다.

정신분석학자 프로이트는 사람의 의식이 '현재의식'과 '잠재의식'의 이중구조로 되어 있다는 사실을 발견했다. 잠재의식이 작용할 때 어떤 법칙성이 있다는 사실을 알아내고 그 활용성을 가르친 사람은 교회 목사인 조셉 머피다. H씨와 같이 뚜렷한 목표를 갖고 생활하는 직장인의 의식은 행동하는 의식이다. 행동하는 의식은 잠재의식에 전달되게 된다. 이 잠재의식은 창조적 상상력으로 전달되고 자기암시를 통하여 현재의식이 되면 목표가 현실로 변하게 되는 것이다. 다만 현실로 변하는 데는 시간이 걸릴 따름이다.

나폴레온 힐은 "당신의 소망을 종이에 써서 하루에 세 번씩 소리 내어 읽고, 이미 그 소망을 달성한 것처럼 느끼도록 노력하라."라고 한다. "이것을 지켜나가면 당신의 소망은 잠재의식 속에서 부동의 신념으로 변화할 것이다."라고 덧붙여 말한다.

『성경』의 「마가복음」 편에 보면 예수께서 이렇게 말씀하셨다.

"내가 너희에게 말하노니 무엇이든지 기도하고 구하는 것은 받은 줄로 믿으라. 그리하면 너희에게 그대로 되리라."

미국의 유명한 심리학자인 윌리엄 제임스는 "우리 세대의 가장 위대한 발견은 자신의 마음가짐을 바꾸는 것을 통해서 자신의 인생을 바꿀 수가 있다는 것이다."라고 했다. 당신이 직장에서 쌓아온 지식과 경험은 정말 소중한 것들이다. 당신이 직장에서 월급을 받고 시간을 팔면서 당신이 이루어놓은 결과물이다. 이러한 배움을 돈으로 바꾸는 기술을 배워야 한다. 배우는 데는 당신의 의식변화를 요구하고 있다. 당신은 구체적인 목표를 세워야 한다. 그리고 목표를 잠재의식에 보내야 한다. 잠재의식은 목표를 수신장치인 창조적 상상력에 보낸다. 이러한 교신을 성립시키는 것이 자기암시이다. 당신은 의식변화로 배움을 돈으로 바꾸는 기술을 성공적으로 익힐 수 있다.

$\boxed{06}$

당신이
잘할 수 있는 콘텐츠를 찾아라

재미가 없다면 왜 그것을 하고 있는 건가?
- 제리 그린필드

콘텐츠란 무엇인가? 전문가들은 2000년대를 특징짓는 키워드로 콘텐츠를 말한다. 콘텐츠라는 말이 우리 일상 속에서 상용화되고 있다. 하지만 뜻을 정확하게 정의를 해 주는 곳은 없다. 콘텐츠는 영어 단어 콘텐트content의 복수형이다. 영어사전을 살펴보면 단수형인 content는 추상적인 의미나 성분의 양을 표시하고 복수형은 대개 '구체적인 것을 가리킨다'고 되어 있다. 보통은 복수형으로 사용되며 내용이나 목차를 가리킨다. 네이버지식백과에서 콘텐츠는 '어떤 소재나 내용에 여러 가지의 공정을 통해 가치를 부여하거나 가치를 드높인 것'이라고 되어 있다. 이렇게 가치부여를 통해 만들어진 콘텐츠는 산업적, 상업적, 문화적인 가치를 가진 상품이 될 수 있다. 일상이나 업무 속에서도 콘텐츠는 가치창조와 가치혁신을 통해 우리 삶의 질을 드높여주는 기능을 하게 된다.

세상에는 많은 직업들이 있다. 사람들은 많은 직업 중의 하나를 선택하여 일을 하며 살아간다. 어떤 직업이든 직업에는 귀천이 없다고 한다. 그리고 자신이 하고 싶은 일은 다 다르다. 현재 당신이 하고 있는 일에서 만족을 느끼고 있다면, 하고 있는 일에서 당신의 콘텐츠를 찾을 수도 있다. 만일 지금 하고 있는 일에서 만족을 느끼지 못하고 있다면, 하고 싶어 하는 일과 당신의 콘텐츠를 찾아야 한다.

당신은 자신의 의지와는 상관없는 곳에서 일을 하고 있는 경우가 많다. 사회가, 부모가 당신을 그렇게 만들어 왔다. 사회 분위기를 거역하며 자신의 길을 가겠다고 하는 것은 쉬운 일이 아니다. 학창 시절에는 부모가 먼저 자녀의 목표를 정하고 있다. 부모는 정해진 목표를 달성하기 위한 정보와 자료를 수집하기 위해 강력한 안테나를 세우고 다닌다. 스타 강사가 있는 학원에 등록해야 한다. 자녀를 명문학교에 입학시키기 위해서 위장전입이라는 불법도 마다하지 않는다. 대학에서는 사회가 알아주는 좋은 직장에 들어가기 위한 공부를 했다. 대학을 졸업하고 취업하기가 '하늘의 별 따기'라고 한다. 좋은 직장에 들어가기 위한 점수를 따기 위해 스펙 쌓기 경쟁을 한다. 스펙 쌓기에 부모가 나서서 안테나를 세우고 다닌다. 부모 찬스라는 용어가 여기서 나온다.

결국 직장은 자신이 좋아서 한 선택이 아닌 부모의 선택인 경우가 많다. 그렇게 선택된 직장에서 근무하는 것은 쉬운 일이 아니다.

한국에서 태어나 성장하면서 열심히 공부하고 직장에 취업했다. 그러나 직장에서 생활하고 있는 직장인은 불쌍하기까지 하다. 자신이 하고 싶은 것은 접어두고 부모의 뜻에 따라 대학을 갔다. 대학을 졸업하고 취업을 하니 자기 적성과는 거리가 멀다. 적성을 찾아서 직장을 옮겨 다시 직장인의 생활을 하게 된다. 이번에는 적성은 맞는 것 같은데 야근·특근으로 시간을 더 팔아야 한다. 이렇게 열심히 살고 있는 직장인은 직장 업무 외에는 잘하는 일이 없다. 근무하고 있는 직장에 너무 많은 시간을 팔고 있는 것이다. 직장 밖의 생활을 경험할 수 있는 알바나 투잡의 경험도 별로 없다. 다른 취미나 기술이라고는 배우지 못했다. 어느덧 10년차 직장이 되고 마흔의 직장인은 퇴직이 두렵기까지 하다. 직장 생활에 변화가 필요한 시점이다.

전직 CEO인 김종헌 작가의 『남자 나이 마흔에는 결심을 해야한다』에 한 사례가 있다. 김종헌 작가는 CEO에서 퇴직하기 20년 전부터 '베이커리&북카페'를 하기로 마음먹고 준비를 했다. 퇴직하면서 가족과 함께 홍천에서 가게를 열었다. 카페가 소문이 나서 알려지자 진로 문제를 상의하기 위해 찾아오는 중년의 남성들이 많다. 한번은 김 작가의 책을 읽고 결심을 굳혔다는 이 씨가 아내와 두 아이를 데리고 저녁 마감시간을 지나 카페에 찾아왔다. 이 씨의 얘기를 정리하면 다음과 같다.

이 씨는 IT업계에서 19년을 종사했는데 45세에 사표를 냈다. 앞으로 길어야 10년 짧으면 5년 내외가 될 회사 생활에 미련을 버리고 노후 설계를 위한 분야를 찾아 나서기로 결심했다. 이 씨는 고민하다가 평생 할 일이라면 자기가 가장 좋아하는 일이어야 할 것 같았다. 떠올려 보니 어렸을 때 현악기도 배우고 오디오에도 취미가 있어 결국 음악에 관련되는 일을 하기로 작정했다. 그리하여 현악기를 제조하는 '장인'이 되기로 결심하게 된다. 이를 배우기 위해 4년 코스로 이탈리아 유학을 떠나게 된다. 그동안의 생계는 아내가 책임진다. 방학을 맞아 결심도 다질 겸 카페에 들르게 되었다는 것이다.

김 작가도 이 씨에게 격려의 말을 해주었다.

"세상은 궁즉통窮則通입니다. 절실한 만큼 그 뜻을 이루어보게 되어 있습니다. 최선을 다한다면 반드시 그 뜻을 이룰 수 있으리라고 봅니다."

당신에게도 어릴 적 잘한다고 했던 콘텐츠가 있었을 것이다. 당신이 선택할 수 있는 콘텐츠의 종류는 다양하다. 당신의 관심사가 무엇인지를 생각해 본다. 전문 기술직, 자영업 창업, 또는 예술, 종교, 사람의 심리연구, 인간관계, 마케팅, 리더십, 재무·회계 등등 여러 분야 중에서 선택할 수 있는 콘텐츠가 있다. 나열한 분야에서 해당하는 콘텐츠가 없거나 찾을 수 없으면 당신이 콘텐츠를 새로 만들면 된다. 새로운 콘텐츠는 제로에서 만들어지는 것이 아니라 기존의 콘텐츠를 조합하여 편집한 것이다. 누구나 자신의 지식과 경험자원을 이용하여 새로운 콘텐츠를 구축할 수 있다. 그래서 잘나가는 콘텐츠들이 어떤 아이디어로 시작을 했는지 그들의 성공과 실패 사례에서 당신만의 콘텐츠를 찾아보자. 당신은 직장인의 가치관을 과감히 버리고 혁신을 단행해야 한다. 좋은 콘텐츠는 근원적으로 단순하다. 당신이 인지하지 못하고 있을 뿐 세상에는 당신의 지식과 경험을 필요로 하는 사람들이 많이 있다.

제4차 산업혁명 시대에 살면서 이전 콘텐츠 개념만 고집할 이유가 없다. 이전의 직업들이 사라지고 새로운 직업들이 창직되고 있다. 요즘은 유튜브가 대세라고 한다. 당신의 지식과 경험을 콘텐츠로 하여 직접 미디어 콘텐츠 창작자가 될 수도 있다. 제4차 산업혁명의 흐름에 맞게 새로운 트렌드를 이끌어나가는 미래 유망 직무에서 당신의 콘텐츠를 찾을 수도 있는 것이다.

브렌든 버처드는 베스트셀러 『골든 티켓』의 저자이자 세계에서 가장 영향력 있는 메신저이다. 그는 저서 『백만장자 메신저』에서

5가지 방법으로 주제를 선정하기 위한 조언을 하고 있다. 첫째, 현재 내가 흥미롭게 배우고 있는 주제를 선택하라. 둘째, 현재 즐겨 하는 것과 관련된 주제를 선택하라. 셋째, 항상 배우고 싶어 했던 것을 생각해 보라. 넷째, 당신의 경험을 생각해 보라. 다섯째, 당신이 앞으로 5년 동안 즐겁게 열중할 수 있는 주제를 선택하라.

당신은 인생 2막을 위한 콘텐츠를 찾고 당신의 것으로 만들어야 한다. 당신은 직장에서 프로젝트를 수행하기 위해 구체적인 계획을 수립하여 실행한다. 이제 인생 2막을 위한 당신의 콘텐츠를 위해서는 그보다 더 구체적인 계획을 수립하여 실행해야 한다.

당신의 인생 2막을 위한 콘텐츠를 찾는 것은 선택사항이 아니라 필수적 요소이다. 퇴직한 직장 동료들의 콘텐츠를 보더라도 다양하다. 보험설계사, 자영업 창업(취미·자격증), 전문직 자격증, 학원원장, 작가 그리고 현업의 지식과 경험을 활용한 벤처창업이나 재취업 등 다양한 것을 알 수 있다. 직장인의 특성상 전문직 자격증, 벤처창업과 재취업이 많다. 당신이 잘할 수 있는 콘텐츠를 찾아라. 그리고 콘텐츠의 확장성을 연구하라. 멘토를 활용하거나 직장 밖의 생활 경험을 통해 찾는 것을 권한다. 당신의 콘텐츠가 인생 2막 삶의 안정을 보장해 줄 것이다. 당신의 콘텐츠를 찾고 성장을 위한 끊임없는 자기계발을 하기 바란다. 당신은 지금부터 행동하는 의식으로 나아가야 한다.

07

내 이름으로 된
책을 써라

작가는 어느 집안에서든 생길 수 있다.
왜 그런지는 아무도 모른다.
- 리타 메이 브라운

"김 선배님, 직장에서 마지막 퇴직 인사하러 왔습니다. 그동안 고마웠습니다."

"아니, 무슨 일이야. 잘 나가는 직장 놔두고 뭘 한다고?"

"블로그에 연재를 쓰고 있었는데 출판사에서 책을 내자고 연락이 와서 결정했습니다."

"그래도 그렇지. 책을 쓴다고 생활이 되나?"

마흔 중반의 대학 후배가 퇴직인사를 왔다. 처음에는 후배가 하는 얘기를 잘 알아듣지 못했다. 공돌이 엔지니어가 책을 쓰고 작가가 되겠다고 한다. 직장에서는 능력을 인정받고 있었다. 그런데 멀쩡한 직장을 두고 작가가 되기로 결정했다는 것이다. 이미 사직서를 제출해서 승인이 났다고 했다. 퇴직하는 후배의 결정을 존중해 줄 수밖에 없었다.

대학 시절 공과대 학생들이 문학 작품을 써서 학교 행사에서 입상하는 것을 봤다. 그때 공대생이 글을 쓰는 것은 취미로 한다고 생각했다. 후배가 퇴직한 것은 15년 전의 일이다. 퇴직하고 나서 후배가 책을 출간했다는 소식을 전해 왔다. 장편소설로 처음 나온 1, 2권을 사서 읽은 기억이 있다. 나는 직장인으로 동기부여, 리더십, 자기계발서, 경영 관련 책을 주로 구매하여 읽었다. 재테크로는 주식과 부동산 관련 책을 구매하여 읽었다.

어느 봄날 가족하고 창원에 있는 '지혜의 바다' 도서관을 구경 가기로 했다. 도서관이라고 하기에는 규모가 엄청났다. 무슨 책 전시 홀에 와 있는 느낌을 받았다. 내가 알고 있던 도서관의 모습이 아니었다. 책 장식 하며 탁 트인 공간 활용 하며 운영환경이 다른 새로운 개념의 도서관이었다. 책을 읽을 수 있는 공간배치가 마음에 들었다. 고객의 편의성을 고려한 자유로움이 마음을 끌어당기고 있었다.

다른 도서관은 얼마나 새로워졌는지 궁금해서 검색해 보기로 했다. 경남대표도서관이 검색되었다. "무슨 도서관명이 대표도서관이야!" 하면서 내친김에 가족하고 도서관 투어를 했다. 신설 도서관으로 청년관, 어린이관, 본관 3곳이 별도의 건물로 나누어져 있었다. 이름에 맞게 경남의 대표도서관으로 위용을 느낄 수 있었다. 집 근처 시설이 오래된 도서관하고는 느낌 자체가 달랐다. 깨끗한 환경과 최신 도서들이 구비되어 있어 자꾸 오고 싶어졌다.

   이러한 계기로 도서관에 등록하고 책을 대출해서 읽기 시작했다. 도서관을 이용하면서 주로 퇴직 후 삶을 위한 도움이 되는 책을 찾아 읽기 시작했다. 처음에는 귀농귀촌 관련 책을 선정하여 읽다가 '내가 할 수 있는 일이 아니다'라고 생각했다. 도서관에 진열된 책들의 종류들을 살펴보았다. 다 읽어보면 좋겠지만 딱 마음에 와닿는 책이 없었다. 이것저것 장르를 가리지 않고 순간순간 마음과 손이 가는 대로 읽었다. 도서 대출을 하기 위해 책을 고를 때 글쓰기 책이 눈에 들어오기 시작했다. 처음에는 대학입학 논술용이지 하고 생각했다. '내가 이 나이에 글쓰기 책을 봐서 뭐 하겠어?' 하는 생각이었다. 작년 11월 중순에 책 제목 『나는 직장에 다니면서 1인 창업을 시작했다』를 대출하게 되었다. 혼자 창업을 한다니 어떻게 한다는 것인지 궁금했다. 책 내용은 저자 김태광 작가의 인생이 고스란히 담겨 있었다. 김태광 작가는 "자신이 평범하다고 생각된다면 '무조건' 책을 써야 한다."라고 했다. "평범한 사람보고 책을 써야 한다니, 책을 쓰면 누가 출판해 주나?" 하는 평범한 생각이 책을 보면서 변하고 있는 것을 느꼈다. 몇 해 전부터 책을 쓰고 싶다는 생각을 하고 있었다. 그러나 그냥 생각이었다. 책 속에는 '저자가 12년 동안 100권의 책을 썼다. 35살 100권 출간 기록으로 한국 기네스에 등재되고 '제1회 대한민국기록문화대상'을 수상했다'라고 쓰여 있다. 이런 작가가 '거짓말을 하지 않겠지!' 하는 생각을 하게 되었다. 이때부터 책 쓰기 관련 책들이 눈에 들어오기 시작했다.

살아오면서 책을 쓴다는 것은 나하고 상관없는 일이라고 생각했다. 서점이나 도서관에 가면 책이 널려 있다. 일반인들은 널려있는 책들 중에서 자기가 관심이 있는 책을 골라서 읽으면 된다. 책은 교과서에 나오는 시인, 소설가, 교수 또는 유명인들이 쓰는 것이라는 고정관념에 잡혀 있었다. 직장인이 되어서도 고정관념은 변하지 않았다. 일반인은 성공하거나 유명인이 되어야 책을 쓰는 것이라고 생각했다.

책 쓰기 관련 책이 생각보다 많이 도서관 서가에 꽂혀 있었다. 이름도 알지 못하는 여러 작가들의 이름으로 된 책들이었다. 그중에서 김태광 작가의 저서를 중심으로 찾아 읽기 시작했다. 『김대리는 어떻게 1개월 만에 작가가 됐을까』, 『1시간 만에 끝내는 책 쓰기 수업』, 『내가 100억 부자가 된 7가지 비밀』 등의 책을 읽었다. 책 속에 나와 있는 카페를 검색했다. 책 쓰기 초보자를 위해 김 작가가 직접 코칭해 주는 교육과정이 있었다. 확인된 정보들이 나도 교육을 받으면 책을 써서 출판사를 통해 출간할 수 있겠다는 것이었다. 책을 쓰고 싶은 마음이 요동치기 시작했다.

현재 김태광 작가는 '김도사'라는 닉네임으로 네이버카페 '한국책쓰기1인창업협회'(이하 '한책협')를 운영하고 있다. 김도사는 제자들이 붙여준 별칭이다. 지금은 이름보다 '김도사'라고 부르는 것이 익숙하다. 책 출간도 김도사로 하고 있다.

김태광 작가 아니 김도사는 이렇게 말한다.

"성공해서 책을 쓰는 것이 아니라 책을 써야 성공한다!"
"한 권의 저서는 박사학위보다 더 가치가 있다."

직장 다니면서 동료가 박사학위를 따기도 했다. 신입사원들 중에도 석사나 박사학위를 갖고 있는 사람도 있다. 세미나에 가면 발표자들 이름에 박사가 붙는다. 엔지니어가 경영학 박사를 취득해도 과학기술 세미나 발표자 이름에 박사라고 붙인다. 박사의 타이틀에 맞지 않는 과학기술 분야의 내용을 발표하는데도 박사를 붙이는 것이다. 사회에서는 어떤 전문 분야의 박사이건 박사학위를 취득하면 박사라고 부른다. 대기업에서 전문 분야 업무로 20년 넘게 근무한 직장인보다 박사학위를 취득한 사람을 인정해준다. 자격 조건에도 '박사학위'라는 조건은 있어도 '대기업 전문 분야 10년 이상 또는 20년 이상'이라는 조건은 없다. 이것은 직장인들에게 열등감을 불러일으킨다.

김도사는 책을 써서 출간하고 작가가 되는 것이 박사학위보다 가치가 있다고 한다. 얼마나 솔깃한 얘기인가? 작가가 되어서 학위라는 직장인의 열등감에서 벗어나면 되는 것이다. 직장에서 퇴직을 하게 되면 실업급여를 타는 실업자가 된다. 직장인은 일반인들에게 자기소개를 할 때 직장에서 부르는 직급을 이름 뒤에 붙여서 소개한다. 하지만 직장에서 불리던 호칭은 퇴직과 함께 사라진다. 백수에게는 부를 때 붙여주는 호칭이 없다. 그런데 작가가 되면 사람들에게 "작가님!", "작가 선생님!"이라고 불리게 된다.

직장에서 은퇴한 내가 책을 쓰는 이유는 세 가지가 있다. 첫째는 앞으로 살아가야 할 날이 많은데 이름 뒤에 작가라는 호칭이 있으면 좋겠다. 둘째는 이제까지의 지식과 경험을 책으로 써서 누군가에게는 선한 영향력을 줄 수 있다. 셋째는 작가라는 직업으로 수익을 올릴 수 있다면 그야말로 '꿩 먹고 알 먹고'가 되는 것이다.

책의 종류에는 다양한 장르가 있다. 대학 후배가 퇴직하여 책을 쓴 것은 소설가로서 문학의 길을 가는 특이한 경우였다. 직장인이나 일반인들의 경우는 주로 자기계발서나 자신의 업무와 관련된 책을 쓴다. 김 도사는 9년간 1,000명의 작가를 배출했다. 작가들은 책을 쓰고 책 쓰기 코치를 하거나 강연을 하고, 유튜브에서 활동하고 있다. 자신의 일과 관련된 책을 쓴 경우에는 브랜딩이 되어 수익이 올라가거나 학원의 경우 수강생들이 믿고 찾아온다. 당신도 당신의 이름으로 된 책을 써라. 책을 쓰는 것이 당신과는 상관없다고 생각하는가? 010.4592.7248 번호로 연락해보라. 새로운 인생을 위하여 도전장을 던질 수 있는 방법을 알려주겠다.

08

자기계발을 위한
투자에 아끼지 마라

적당주의자가 되지 말라.
그것은 세상에서 가장 위험한 것이다.
- 휴그 왈폴

기회는 우연히 찾아온다. 기회가 오는 순간 마음속에서 미세한 울림이 일어나게 된다. 미세한 울림을 느끼면 원인을 찾기 위한 행동을 해야 한다. 당신이 행동을 시작하게 된다면 당신은 기회를 잡게 될 것이다.

회사는 사업 확장으로 인력이 필요하면 경력사원을 채용한다. 사람들은 채용공고를 보고 마음속에서 가부를 선택하게 된다. 채용공고가 자신에게 기회인지 아닌지를 판단하기 위해 고민하기 시작한다. 지금 다니는 회사를 계속 다닐 것인지 아니면 이 기회에 이직을 할 것인지 선택을 해야 한다. 마음은 달아오르고 뇌의 회전속도는 엄청 빠르게 돌아간다. 경력사원으로 입사하기까지는 마음고생이 심하다.

경력사원으로 입사하는 직장인은 변화를 두려워하지 않는다. 이미 자신에게 변화를 주기로 결정한 것이다. 그리고 변화에 적응하기 위한 자기계발을 하게 된다.

경력사원 중에 B씨가 있다. 체격도 건장하고 얼굴도 잘생겼다. B씨는 부지런하면서 믿음을 주는 스타일이다. 부서에서 얼리어답터Early adopter로 통한다. 초기 휴대폰이 나왔을 때부터 먼저 사용해 보고 알려준다. 얼리어답터를 하게 되면 남들보다 투자비가 많이 든다. 제품을 산 지 얼마 안 되었는데 새 제품이 나오면 바꾼다. B씨는 그러한 것들을 즐겼다. 휴대폰이 일반화되면서 시계를 차고 다니는 사람이 흔하지 않다. 한번은 B씨가 시계를 차고 와서 자랑을 한다. 요즘 잘나가는 시계인데 몇 백만 원 한다고 한다. 직장인 수준에는 맞지 않는 것 아니냐고 하면 자기가 좋아서 하는 거라고 한다. B씨는 스스로 의식을 높이고 자기관리를 하고 있었던 것이다. 성품도 무난해서 직장 내에서 인간관계도 좋다. 업무 성과도 있고 인정받기 시작했다. 여러 부서 팀장을 거치고 나서 임원으로 승진하는 결실을 맺었다. 자신이 임원으로 승진해서도 초기에 함께했던 부서원들과 소통을 계속하고 있다. 의식을 높이는 글귀를 매일 카톡에 올리고 있다.

정기룡 작가의 『퇴근 후 2시간』에는 경찰서장으로 정년퇴임한 저자의 자기계발 스토리가 담겨 있다.

정년퇴임을 10년 앞두고 자기계발에 누구보다 많은 노력과 시간을 보냈다. 학원에 등록하여 제과·제빵 기능사 자격증 두 개를 취득했다. 떡 명장을 찾아 떡 만드는 기술도 배웠다. 방송을 보다가 수제 초콜릿을 하면 되겠다 싶어 학원에 등록했다. 작은 장식을 만들고 해야 하는데 섬세한 손재주가 안 되었다. 또 웰빙 시대를 떠올리고는 두부다 싶어 매주 일요일 두부 만드는 기술을 배우러 다녔다. 이것저것 모두 아니다 싶어 노무사 자격증을 취득하기로 했다. 2년 정도 공부하면 합격할 수 있다는 말을 듣고 서울에 있는 고시학원에 등록했다. 주말마다 첫 차를 타고 서울로 올라가 수업을 들었다. 그렇게 2년간을 주말마다 서울 고시학원을 오르내리면서 공부했다. 자신의 영어 실력을 향상시키기 위해 개인과외를 받기도 했다. 첫 시험에 떨어지고 영어는 시험과목이 토익으로 바뀌었다. 고시학원을 2년 더 다니면서 공부했지만 점수가 나오지 않아 안 되겠다 싶어 시험을 포기했다.

이번에는 리더십 강사 교육을 받기로 했다. 아내가 오래 전에 얘기한 적이 있었다. 강의료가 비싼 교육이었지만 아내의 후원으로 과감하게 도전하게 되었다. 코치 실습도 받고 현직에 있으면서 강사가 될 수 있었다. 퇴직하기 전 대기발령 6개월 기간에 본격적으로 강사 활동을 시작했다. 정년퇴임 후에는 강사가 되어 현역 생활을 하고 있다.

정기룡 작가의 경우는 자기계발을 위한 투자에 아끼지 않은 노력 끝에 성취하게 된 인간승리 드라마다. 자기계발을 위해 많은 노력과 시간을 투자했으며 상응하는 돈이 들어갔다. 자기계발 과정에 들어간 노력들과 투자한 돈은 강사라는 현역 생활을 하면서 보상을 받고 있다. 나는 퇴직하면서 인생 후반을 대비한 사회복지사 자격증을 취득했다. 하지만 자녀들을 바라보면서 가장이라는 책임감이 마음속의 불안함을 잠재우지 못했다. 그것은 중소기업 재취업으로 이어졌으며, 다시 7년의 직장 생활을 하게 되었다.

우연히 도서관에서 한 권의 책을 만나고 마음속에서 미세한 울림이 일어났다. 울림의 원인을 알아보기로 하고 관련 책들을 읽기 시작했다. 책을 읽으면서 서서히 울림의 실체가 드러나고 있었다. '한책협' 카페에 가입하여 내용을 확인했다. 카페 첫 화면에 들어가면 다음의 글귀가 나온다.

"24년간 책 210권 쓰고, 초·중·고 16권 교과서에 글이 수록되고, 9년간 1,000명의 작가를 배출한 출판 기획자 김도사가 제일 잘 가르칩니다."

'한책협' 카페에는 책 쓰기 코칭으로 그동안 수상을 한 사진들이 가득 채우고 있다. 수강생들이 작가가 되면서 보답으로 황금열쇠와 감사패 선물을 전달하는 사진들이 많이 있다. 기대 이상의 내용들이 카페를 찾은 사람의 마음을 흥분하게 만든다.

김도사의 저서 『내가 100억 부자가 된 7가지 비밀』에서 직장인이 책을 써야 하는 이유 5가지를 제시했다.

첫째, 책은 최고의 자기소개서다. 언론 인터뷰보다 더 영향력이 크다. 둘째, 사회적 영향력이 크다. 대중을 대상으로 책을 출간하게 되면 세상에 자신의 존재감을 드러낼 수 있다. 셋째, 전문가의 자격증이다. 책을 출간하는 순간 자신의 분야에서 전문가로 인정받게 된다. 넷째, 미래가 달라진다. 가슴이 뛰기 시작하고 생활에 활력이 생긴다. 다양한 기회들이 생겨난다. 다섯째, 사회에 공헌하는 일이다. 자신의 지식과 경험, 노하우를 책에 담는다면 그 책을 읽은 사람들의 인생이 달라지게 된다.

책 쓰기를 가르치는 작가나 코치들은 많이 있다. 김도사에게 배워서 책 쓰기 코치를 하는 작가들도 많다. 유튜버 김새해 작가, 단희쌤(이의상), 김병완 작가 등도 '한책협' 김도사의 수강생이었다. 책 쓰기 작가나 코치를 잘못 만나 책도 못 쓰고 돈을 버리게 되는 사례도 많이 있다. 그러나 한국 최고의 책 쓰기 코치 김도사에게 배우면 성공할 수 있겠다는 확신이 들었다. 한국 최고의 코치에게 배울 수 있다는데 인생 최고의 자기계발을 위해 돈을 투자하기로 했다.

김도사의 코칭에서는 의식변화를 강조한다. '책 쓰기 하는 동료 수강생들을 보며 동기부여를 받아라.', '의식변화를 위한 책을 많이 읽고 의식 확장을 하라.' 저서 『100억 부자의 생각의 비밀』

에 나오는 특급 노하우 중 내가 선정한 것을 언급해 본다. 첫째, 잠재의식에 인생의 해피엔딩을 설정하라. 둘째, 인생의 경험과 지혜가 최고의 자본이다. 셋째, 기도할 때 이미 받았다고 믿어라. 넷째, 죽어 납골당에 이름을 새기지 말고 책에다 새겨라. 다섯째, 부정적인 말이나 생각도 우주에 보내는 주문이다. 여섯째, 최고의 실력을 갖춘 전문가에게 배워라. 일곱째, 당신의 믿음이 당신의 미래를 창조한다.

인생 2막을 위해 자기만족이 아닌 자기계발에 목숨을 걸어라. 인생 2막을 성공적으로 살고 있는 사람들이 많다. 그 사람들은 자신의 방법으로 자기계발을 한 성공의 비법을 갖고 있다. 당신의 의식을 새롭게 변화시켜라. 혼자가 아닌 성공 덕후를 찾아 벤치마킹을 하라. 성공 덕후에게서 성공의 콘텐츠와 성공하는 의식을 배워라. 당신의 콘텐츠를 찾고 배움에 투자하라. 자기계발을 위한 투자에 아끼겠다는 마음을 버려야 한다. 월급의 10%를 자기계발을 위해 저축하라. 기회가 왔을 때 아낌없이 투자하라. 아직도 내가 하는 말이 이해 가지 않는가? 010.4592.7248 번호로 연락해 보라. 새로운 인생을 위하여 자기계발에 도전장을 던질 수 있는 방법을 알려주겠다.

이제 당신도 평생 현역을 준비하라

마흔,
인생 2막을
평생 현역으로
사는 법

01

이제 당신도
평생 현역을 준비하라

20년 뒤 당신은 했던 일보다 하지 않았던 일 때문에 더 실망할 것이다.
그러니 밧줄을 풀고 안전한 항구를 떠나라. 탐험하라, 꿈꾸라, 발견하라!
- 마크 트웨인

"오늘이 마지막 근무일이네요!"
"그래요, 마지막까지 업무 인수인계 마무리하고 와야죠."

아침에 출근하면서 가족과 나눈 얘기다. 전직 후 20년 넘게 근무한 회사에서 명예 퇴직하는 마지막 근무일이다. 정년 1년 남기고 하는 퇴직이지만 위로금이 나온다. 1년 먼저 퇴직하면서 금액상으로는 다 받고 나올 수 있는 것이다. 퇴직하는 사람에게 금전적 손해는 없는 제도이다. 그렇기 때문에 정해진 회사 규정 내의 기간을 채우고 퇴직하는 셈이므로 회사에 대한 서운함도 없다.

남아 있는 직원들은 자신도 같은 길을 갈 수 있을 것이라는 희망을 갖게 된다. 하지만 희망이라는 것이 대기업에서 정년까지 근무하는 것이다. 이후의 삶까지 회사에서 보장해 주지는 않는다.

직장인이 퇴직을 하면 사회인으로 적응이 쉽지 않다. 회사에서 한참 일하고 있을 시간에 집에 있는 것이 어정쩡하다. 밖에 나가도 자신은 아직 직장인 마인드로 무장되어 있다. 몇 주 정도는 휴가라는 마음으로 가족과 쉬면서 지낸다. 처음에는 "직장 생활 30년 했으니 이제 쉴 때가 되었죠?"라고 하던 가족의 얘기는 한 달 정도 되면 달라지기 시작한다.

가족이 식사를 하루 세 번 차리더라도 직장인으로 근무할 때와는 다르다. 가족은 남자가 집에 있으면 신경이 쓰이고 할 일을 못한다고 한다. 그래서 퇴직하더라도 하루 세 끼 다 챙겨 먹는 사람을 '삼식이××', 두 끼 챙겨먹는 사람을 '두식이 놈'이라고 한다. 그리고 집에서 한 끼만 먹는 사람을 '일식 씨', 밖에서 다 해결하고 오는 분을 '영식 님'이라고 하는 유머 시리즈가 있다. 퇴직을 하게 되면 가족과 함께 집에 있는 것이 힘들어지는 것이다.

퇴직하면서 회사에서 지원해주는 전직지원서비스를 신청했다. 전직지원서비스를 받기 위해 컨설턴트가 있는 업체에라도 나가는 날은 가족에게 당당하다. 그곳에 가면 함께 퇴직한 사람들이 모여서 서로 근황을 주고받는다. 서비스 업체에서는 담당 컨설턴트가 최근 전직 동향을 설명해 주면서 앞서 서비스를 받은 사람들의 사례를 얘기해 준다. 처음에는 퇴직자들의 눈높이가 높다고 한다. 전 직장에서 받던 연봉수준을 벗어나지 않으려고 한다는 것이다. 퇴직자들은 최대한 낮춰서 80%를 얘기도 하지만 현실은 그렇지 않다는 것이다. 그러다가 6개월, 1년 정도 재취업이 안 되고 쉬게 되면 눈높이가 비슷한 수준으로 내려온다고 한다.

교사로 30년 넘게 근무하다가 정년퇴직한 고등학교 선배가 있다. 선배는 연금으로 월 300만 원 넘게 나온다고 했다. 자녀도 결혼을 했고 목돈 들어갈 곳이 없다. 연금으로 부부가 생활해 가는데 어려움이 없다고 한다. 교사로 재직하고 있으면서 텃밭을 가꾸어 왔다. 퇴직 후에도 텃밭을 가꾸고 채소나 야채류를 재배하면서 생활한다고 한다. 평생 교사로만 근무를 해서 위험한 투자나 재테크는 하지 않기로 마음먹었다고 한다.

작년 5월 29일 국회 보건복지위원회 정춘숙 의원실이 국민연금과 공무원연금, 사학연금, 군인연금공단 등에서 받은 작년 3월 기준 월 연금액별 수급자현황 자료를 보면, 국민연금 전체 수급자 458만 9천 665명 중 월 100만 원 미만 수급자가 95.1%(436만 5천 608명)로 대다수를 차지했다. 월 100만 원 이상~월 200만 원 미만 22만 4천 25명(4.9%)이며, 월 200만 원 이상이 32명에 불과했다. 이 중에서 월 300만 원 이상 수급자는 한 명도 없었다. 공무원 퇴직연금 수급자는 총 49만 5천 52명으로 이중 월 수급액이 100만 원 미만인 사람은 3만 5천 359명(7.1%)에 불과했다. 월 100만 원 이상~월 200만 원 미만이 14만 3천 75명(28.9%), 월 200만 원 이상 수급자는 31만 6천 618명(64%) 이었다. 이 중에서 월 500만 원 이상을 받는 수급자는 85명이었다.

보험개발원이 발간한 〈2018 은퇴시장 보고서〉에 따르면 은퇴 후 최소생활비 예상금액은 월 265만 원(부부 기준)·158만 원(개인 기준), 적정생활비는 월 327만 원(부부 기준)·194만 원(개인 기준)으로 집계됐다.

작년 3월 기준 국민연금 수급자의 95.1%가 월 100만 원 미만이다. 나머지 수급자도 월 200만 원 미만으로 나타났다. 국민연금 수급자는 부부 기준으로 99.9%가 최소생활비 예상금액인 월 265만 원도 안 된다는 계산이 나온다. 적정생활비 월 327만 원(부부 기준)에는 턱없이 모자란다. 부부 기준 최소생활비 수준이 유지될 것으로 보이는 월 200만 원 이상 수급자를 보면 공무원 퇴직연금 수급자의 경우가 64%인 것으로 분석된다. 이처럼 우리나라의 연금 기준 노후자금으로는 적정생활비를 맞추기 어려운 상태이다.

더구나 당신이 국민연금 수급자라면 중장년 남성 평균 51.6세 퇴직 기준으로 10년 이상 다른 소득원이 필요하게 된다.

조선일보의 〈100세 쇼크 축복인가 재앙인가〉 시리즈에 실린 내용을 인용해 본다.

덴마크는 평생 재교육과 유기적인 재취업 등의 사회 시스템을 통해 세계 어느 나라보다 빨리 '100세 시대'를 맞이할 준비를 하고 있다. 올보그병원에서 근무하는 임상심리치료사 벵트 라센(Lassen, 54) 씨는 "우리 병원에서 내가 가장 신참"이라고 한다. 라센 씨의 첫 직업은 간호사였다. 간호전문학교를 졸업한 뒤, 26세에 종합병원 간호사로 사회생활을 시작했다. 간호사로 직장을 옮겨 가며 10년 넘게 일하다가 초·중학교 양호교사가 됐다. 라센 씨가 직장을 옮길 때면 '재교육 프로그램'이 도움이 됐다. 라센 씨는 평소 관심이 많았던 심리치료사에 도전했다. "간호전문학교 졸업 후 10번 가까이 직장을 옮겼어요. 그러다 40대에 아예 직업 자체를 바꾼 것이죠." 심리치료사는 70세까지도 일할 수 있다고 한다.

6년 전 퇴직한 정은자(가명, 63) 씨는 작년 9월 일본어 번역 학원에 등록했다. 8개월 과정을 마친 뒤 번역가로 일하는 게 목표다. 정 씨는 "손녀(9)가 쉰이 될 때까지 살 것 같은데, 내가 할 수 있는 일을 찾아서 수입도 올리고 지력도 유지하고 사람도 사귀고 싶다."고 했다.

당신도 꾸준한 자기계발로 자신이 좋아하는 일을 준비해야 한다. 당신이 평생 현역으로 일해야 하는 이유는 첫째, 퇴직 후 국민연금 수급 시까지 10년 이상의 다른 소득원이 필요하다. 둘째, 여전히 당신은 건강한 체력을 유지하고 있게 된다. 국민연금 수급 시에도 절대 노후자금이 부족한 것이다. 셋째, 노후자금이 문제없다 하더라도 당신의 건강과 가정생활을 유지하기 위해서는 일을 해야 한다. 넷째, 당신의 고귀한 지식과 경험을 그대로 묻어버리면 안 된다. 당신의 재능을 필요로 하는 곳이 생각보다 많다. 재능 기부나 사회봉사활동에 사용할 수도 있다.

이제 당신도 평생 현역을 준비하라. 인생 2막에는 당신이 좋아하는 일을 찾아서 해야 한다. 좋아하는 일을 하는 데 필요한 준비사항을 점검하라. 인생 2막을 구체적으로 계획을 세워서 준비해야 한다. 당신은 현 직장에서 일하기 위해 초등학교에서부터 고등학교까지 12년, 대학 4년을 준비해야 했다. 그럼 인생 2막을 위해서는 어떻게 준비해야 하겠는가? 인생 2막을 위한 준비는 당신의 열정과 도전하는 용기를 필요로 한다. 당신이 좋아하는 일을 찾아라. 일을 하는 데 배움이 필요한지, 기술을 요하는 것인지 구체적으로 파악한다. 배움이 필요하면 찾아가서 배워라. 기술이 필요하면 전문 자격증을 취득하라. 당신의 인생 2막을 위한 자기계발 투자에 아끼지 말고 평생 현역으로 할 수 있는 일을 준비하라.

▶ 당신이 평생 현역으로 일해야 하는 이유

첫째, 퇴직 후 국민연금 수급 시까지 10년 이상의 다른 소득원이 필요하다.

둘째, 여전히 당신은 건강한 체력을 유지하고 있게 된다.

셋째, 노후자금이 문제없다 하더라도 당신의 건강과 가정생활을 유지하기 위해서는 일을 해야 한다.

넷째, 당신의 고귀한 지식과 경험을 그대로 묻어 버리면 안 된다.

02

평생 현역의 문은
누구에게나 열려 있다

긴 인생은 충분히 좋지 않을 수도 있다.
그러나 좋은 인생은 충분히 길다.
- 벤저민 프랭클린

"성공의 비결은 목적의 불변에 있다. 하나의 목표를 가지고 꾸준히 나아간다면 성공한다. 그러나 사람들이 성공하지 못하는 것은 처음부터 끝까지 한길로 나아가지 않았기 때문이다. 최선을 다해서 나아간다면 벽을 뚫고 만물을 굴복시킬 수 있다."

영국의 소설가이자 정치가인 벤저민 디즈레일리가 한 말이다. 누구나 성공할 수 있다는 말이다. 성공의 길로 가기 위해서는 당신의 열정과 도전의식이 필요하다.

프로젝트를 수행하다 보면 어려운 상황에 많이 부딪히게 된다.

프로젝트가 처음부터 무리한 계획이었을 수가 있다. 아니면 예상치 못한 난제가 튀어나왔을 수도 있다. 하지만 개발자들은 포기하지 않고 도전하게 된다. 프로젝트의 성공여부가 회사는 물론 자신에게도 큰 영향을 주기 때문이다. 어려운 난제를 해결하고 프로젝트가 성공하면 조기 승진의 경우도 주어질 수가 있다. 그러나 실패하게 된다면 자신의 직장 생활에 미치는 영향이 클 수 있다. 직장인이 이를 악물고 프로젝트에 전념하게 되는 이유다. 포기하고 싶을 만큼 절망감을 느낄 때도 있다. 당장 모든 것을 때려치우고 뛰쳐나가고 싶을 지경이다. 그때마다 개발자들은 이성적인 뇌가 작동하는 것을 경험한다.

"당장 나가면 어떻게 할 건데. 가족을 먹여 살릴 수 있는 대책이 있어? 네가 하던 프로젝트 담당업무는 누가 맡아서 해 줄 건데? 그래 그 사람은 좋아하겠다. 뒤통수에 대고 욕을 하겠지. 능력도 없으면서 맡아서 하다가 안 되니까 도망간다고. 남아 있는 사람 골탕 먹이려고 작정을 했구나. 병신 ××."

여기까지 생각이 미치면 안절부절못하게 된다. 마음에 안정을 찾지 못하고 불안하게 된다. 한번은 대학 후배 Y씨가 불안한 마음에 나에게 조언을 구했다.

"김 선배님, 이런 때는 어떻게 해야 합니까? 문제는 풀리지 않고 시간은 가고. 회의 때마다 팀장이 어떻게 되어 가느냐고 계속 물어볼 텐데. 해결방안은 보이지 않고 말입니다."

"그렇지, 다른 장치 담당자들은 이상 없이 잘해 가고 있는 것 같은데. 프로젝트 할 때마다 후배가 맡은 장치는 항상 애를 먹이는 것 같네. 하지만 실망할 단계는 아닌 것 같아. ㅇㅇ장치 있잖아, 아직도 해결이 안 되어서 애를 먹이는 것 같던데. 그렇게 보면 후배가 하고 있는 게 아직 꼴찌는 아니잖아. ㅇㅇ장치 담당자를 보면서 기운을 내봐."

"그렇죠, 프로젝트가 실패하더라도 그 원인의 첫 번째 선상에 내가 아니면 되죠?"

프로젝트에 참여하여 일을 하면 이런 불안과 두려움이 엄습할 때가 있다. 하지만 곧 마음을 가다듬고 '다시 한번 해보자!' 하는 열정과 도전 마인드를 살리게 된다.

당신도 뒤돌아보면 이러한 경험을 한 번쯤은 갖고 있을 것이다. 지금 당신에게도 자신감, 열정과 도전이 필요하다. 아무 것도 도전하지 않는 사람은 아무 것도 바라는 것이 없는 사람이다. 당신이 할 수 있고, 좋아하는 것이라면 무엇이든지 시작하라.

사회는 워라밸Work-life balance을 지향하고 있다. 직장인의 근무여건도 계속 나아지고 있다. 근로기준법이 최대 주 68시간 근무제도에서 주 52시간 근무제도로 바뀌었다. 저자가 첫 직장 취업 시에는 토요일도 근무했었다. 심지어 '월화수목금금금'이었다. 현재 직장인에게는 그만큼 시간이 많아졌다. 자신이 하고 싶은 일을 할 수 있는 시간이 늘어난 것이다. 당신의 인생에 있어서 시간은 중요하다. 시간을 어떻게 사용할 것인가에 따라 당신의 인생도 달라진다. 책 1장에서 당신의 버킷리스트를 작성해 보라고 권했다. 저자도 책을 쓰기 시작하면서 버킷리스트 50개를 작성했다. 이제 당신이 직장의 안락함 속에서 벗어나야 할 차례다. 당신도 지금 버킷리스트를 구체적으로 작성하고 실천계획을 세워라. 그리고 가장 쉬운 것부터 하나씩 성취해 보라. 그러면 살고 있는 인생의 의미가 달라질 것이다. 인생 2막에 당신이 하고 싶은 일을 찾아서 버킷리스트에 넣고 성취하기 바란다.

은퇴 후에도 멋지게 현역 생활을 하는 사람들이 있다. 연세대학교 명예교수인 김형석 교수님은 올해 나이가 100세다. 교수님은 아직도 건강하게 다니신다. 현역으로 강연을 다니시면서 살아가고 있다. 정말 멋지고 부러운 일이다. 다음은 2020년 1월 6일자 한국경제신문의 〈2020 희망을 쏘는 사람들〉에서 요약하여 인용했다.

'2020 대한민국퍼스트브랜드 대상'을 받은 시니어 모델 최순화 씨(77)와 시니어 모델 김칠두 씨(65)가 있다. 최 씨는 국내에서 가장 유명한 시니어 모델 중 한 명이다. 2018년 가을·겨울FW 시즌 패션 브랜드 키미제이KIMMYJ 무대로 데뷔한 후 더갱, 헤라 등 수많은 패션쇼에 섰다. 시니어 모델이 헤라 서울패션위크 무대에 오른 건 최순화 씨와 김칠두 씨가 최초다. 최 씨는 간병 일을 하다가 병실 TV에서 시니어 모델을 다룬 KBS 프로그램 〈아침마당〉을 보게 된다. 바로 모델학원을 소개받아 등록했을 때의 나이가 72세였다. 2018년 75세의 나이로 첫 패션쇼 무대에 섰다. 최 씨의 롤 모델은 미국 모델 카르멘 델로비체다. 1931년생이지만 여전히 현직 모델로 활동하는 그와 함께 세계적인 패션쇼에 서는 게 목표다.

지금은 제4차 산업혁명 시대이다. 당신의 평생 현역의 일자리는 제4차 산업혁명으로부터 새롭게 만들어지는 직업에서 찾아볼 수도 있다. 다보스 포럼의 보고서 〈일자리의 미래 The Future of Jobs〉는 '2020년까지 4차 산업혁명으로 약 710만 개의 일자리가 사라지고, 새롭게 만들어질 일자리는 200만 개일 것'이라는 전망을 내놓았다.

고용노동부 산하 '고용정보원'은 우리나라 주요 직업 400여 개를 대상으로 인공지능과 로봇기술의 발전이 직업에 미치는 영향을 분석해 발표했다. 발표 내용 중 자동화 대체 확률이 낮은 직업 30가지를 나열해 보았다. 화가 및 조각가, 사진작가 및 사진사, 작가 및 관련 전문, 지휘자·작곡가 및 연주가, 애니메이터 및 만화가, 무용가 및 안무가, 가수 및 성악가, 메이크업아티스트 및 분장사, 공예원, 예능 강사, 패션디자이너, 국악 및 전통 예능인, 감독 및 기술감독, 배우 및 모델, 제품디자이너, 시각디자이너, 웹 및 멀티미디어 디자이너, 기타 음식서비스 종사원, 디스플레이어 디자이너, 한복제조원, 대학교수, 마술사 등 기타 문화 예술 관련 종사자, 출판물기획전문가, 큐레이터 및 문화재보존원, 영상·녹화 및 편집기사, 초등학교 교사, 촬영기사, 물리 및 작업치료사, 섬유 및 염료 시험원, 임상심리사 및 기타 치료사.

당신은 이제까지 어쩌면 제한된 사회 분위기 속에 당신이 원하지 않은 일을 해왔을 것이다. 하지만 인생 2막 평생 현역의 일은 좋아하는 일에서 선택해야 한다. 당신의 좋아하는 일을 자동화 대체 확률이 낮은 직업에서 찾을 수 있으면 더욱 좋을 것이다.

인생 2막 당신을 위한 평생 현역의 문은 항상 열려 있다. 평생 현역의 문은 당신이 찾아와서 열어주기를 기다리고 있다.

당신은 하루라도 빨리 좋아하는 일을 찾아야 한다. 그리고 문을 두드려야 한다. 시니어 모델 최순화 씨(77)는 "동년배도 그렇지만 젊은 친구들도 포기하지 말고 꿈을 향해 나아갔으면 좋겠습니다. 자신에게 맞는 일을 찾아 끝까지 도전하면 아무리 힘든 현실이라도 살아갈 수 있어요."라고 말한다. 성공 덕후들은 나이가 얼마인지를 묻지 않았다. 오로지 자신의 꿈을 찾고 용기를 내서 도전을 했다. 꿈은 모든 것을 이겨낼 수 있는 힘을 준다. 자신의 머릿속에 꿈을 이룬 당신의 모습을 끊임없이 상상하라. 성공한 당신의 모습을 구체적으로 상상하고 끊임없이 도전한다면 꿈은 현실이 될 것이다.

03

당신의 인생은
스스로 만들어가야 한다

쉬운 길, 평안한 길로 가는 사람은 성공의 묘미를 못 느낀다.
어려움 없이 성취되는 것은 하나도 없다.
- 노먼 빈센트 필

새해 1월 1일에는 일출을 보러 간다. 처음으로 새해 일출을 보러 갔던 장소는 경주 석굴암이었다. 직장동료가 새해 일출을 보러 경주 석굴암에 같이 가자고 했다. 가족들을 다 데리고 가는 첫 일출 행사였다. 날씨가 추우니 단단히 준비하고 오라는 것이었다. 31일 퇴근 후 각자 차로 경주로 갔다. 석굴암 올라가는 도로 입구 식당에는 새해 일출을 보기 위한 사람들이 많이 모여 있었다. 동료 식구들과 함께 식당에 쭈그리고 앉아 날이 밝기를 기다렸다. 다음 날 새벽 석굴암으로 올라가는 버스를 타고 석굴암 주차장까지 가서 내렸다. 해가 떠오르려면 40분 정도 기다려야 했다. 추위 때문에 발이 시려왔다. 둘째 애가 발이 시리고 견디기 어려운 지경에 이르렀다. 발을 동동 구르면서 해가 언제 떠오르나 하면서 추위와 싸우는 중이다. 애가 더 못 견디고 울음을 참지 못했다. 다행히 바다 지평선에서 해가 떠오르는 빛을 내기 시작했다. 해가 떠오르는 광경은 마치 가슴속에서 어두움을 깨고 나오는 커다란 불덩어리 같았다. 울던 아이도 해가 떠오르는 멋진 장관을 보면서 환하게 웃기 시작했다.

일출 행사를 마치고 집에 와서도 해가 떠오르는 장관의 모습은 오래 여운이 남았다. 그때부터 매년 가족과 함께 새해 일출을 보기 위해 부산 해운대로, 다대포로 다니기 시작했다. 매년 가야 하는 정기 가족행사가 된 것이다.

골프는 오로지 자기 자신과 싸우는 스포츠다. 하지만 인생의 굴곡은 골프보다 더 변화가 심하고 자기관리를 요한다. 골퍼는 골프를 잘 치기 위해 많은 시간과 비용을 들이면서 연습을 한다. 당신이 골프를 배우게 되면 동료와의 경쟁심리가 생긴다. 오늘 시합에 지게 되면 다음 시합에는 이겨야 한다. 연습장에서 많은 시간을 보내며 열심히 연습을 한다. 다음 시합에 또 지게 되면 자기 자신에게 화를 내기 시작한다. 골프채를 다 부러뜨려 버리고 싶을 지경이다. "자세가 왜 틀어지지, 공이 멀리 안 나가는 이유가 뭐야! 결정적인 순간에는 꼭 OB 나거나 벙커에 떨어진다니까?" 하면서 골프 시합을 복기해 본다. "좋아, 연습을 더 하고 반드시 다음 시합에는 잘해야지!" 하고 다짐을 하며 연습을 한다.

골프를 하는 것처럼 당신의 인생을 위한 훈련과 경쟁심리에 열과 성을 다해야 한다. 자신의 인생을 설계하고 잘 꾸려나가기 위한 시간 관리를 하라. 자신의 인생투자에도 시간과 비용을 아낌없이 투자하라. 골프처럼 당신의 인생 설계도에 따라 당신이 스스로 만들어가라.

『경제수명 2050시대 — 40대 초조함을 버리고 전력투구하라』의 저자 문형남 작가가 있다. 이 책에서 실제 작가의 사례를 A씨라고 기술하고 있다. A씨는 한때 잘나가던 증권회사 연구소 애널리스트였다. 하지만 그 일에서 무언가 모자란 점을 발견하고는 5년간 근무하던 증권사를 그만두고 신문기자로 전직해 7년 동안 활약하게 된다. 그러나 그의 일에 대한 욕심은 여기서 그치지 않았다. 신문기자에서 경영학박사 학위 취득과 함께 억대 연봉의 기업체 임원으로 한 번 더 화려한 변신을 꾀한 것이다. 여기까지만 해도 그의 변신은 꽤나 성공적이라고 할 수 있는데, 거기다가 2000년 3월부터는 서울 유명대학의 교수로 재변신했다.

이러한 A씨의 변신에는 일찌감치 자신의 '몸값'을 올리려는 끊임없는 노력이 있었다. 군복무와 직장 생활 동안에 석사와 박사 학위를 취득했다. 또한 경영지도사, 기술지도사, 인터넷전문검색사, 아마추어무선기사HAM 등 전문 자격증을 30개나 획득하고, 다수의 역·저서를 내는 등 끊임없는 도전을 통해 평범한 회사원에서 첨단 유망 분야 교수로 변신할 수 있었다.

올해 한국뿐만이 아니라 세계적으로 퍼져 있는 코로나19 감염 확산방지 조치로 미국, 유럽, 일본 등 한국을 제외한 모든 국가들이 국경봉쇄에 들어갔다. 사회 풍습이 바뀌어 사회적 거리두기와 개인위생 철저를 강조하고 있다. 우리나라에서는 최초로 교육부에서 학생들 개학을 한 달 넘게 연기하는 조치가 취해졌다. 많은 기업들과 자영업자들이 고통을 호소하고 있다. 모두들 이 시기가 지나는 것이 더 두렵다고 한다. 얼마나 많은 기업이나 자영업자들이 폐업을 하고 실업자들이 거리로 나오게 될지 알 수가 없는 것이다.

사람들은 생각보다 변화에 보수적이다. 직장인들도 현재 직장의 안락함에 변화의 동기를 갖지 못한다. 하지만 사회는 언제 어떻게 변화하여 당신에게 위협으로 다가올지 알 수 없다. 백세 시대가 그렇고, 예기치 못한 코로나19가 그렇다. 당신이 살아가는 동안 제2의 코로나19가 다시 닥칠 수 있다. 이제 준비하고 변화하지 못하면 사회에서 외면받게 된다. 당신의 인생 전반전이 힘들더라도 인생 후반전을 위한 준비를 스스로 해 나가야 한다.

야구에서는 10번 타석에 들어서서 3번 이상 안타를 치게 되면 3할 대 타자가 된다. 3할 대 타자가 되면 MVP에 오르는 영광을 누릴 수 있는 기회가 있다. 거꾸로 말하면, MVP타자도 10번에

6~7번 정도의 실패를 한다는 것이다. 인생 후반전을 준비하면서 실패를 두려워해서는 안 된다.

독수리 중에는 70년을 사는 독수리도 있다고 한다. 대부분의 독수리는 30~40년을 사는데 70년을 사는 비결이 있다. 독수리가 새들의 왕으로 하늘을 지배할 수 있는 것은 날쌔고 덩치가 큰 것도 있지만 날카로운 부리와 발톱이 있기 때문이다. 이것을 지속적으로 사용하다 보면 닳아 없어지고 노화되어 먹이사냥을 할 수 없게 된다. 더 이상 사냥을 못 하고 죽음을 맞이하게 되는데, 독수리는 큰 결심을 하게 된다. 자기의 부리를 바위에 쪼아 부수고 발톱을 이용하여 뽑아버린다. 부리가 없는 독수리는 사냥을 할 수 없기에 굶어 죽을 수도 있다. 부리를 뽑아내는 것은 엄청난 고통이 따른다. 많은 시간이 흘러서 새로운 부리가 생기게 된다. 다음에는 새로 자란 날카로운 부리를 이용하여 발톱을 뽑아낸다. 다시 많은 시간이 흐르면 발톱이 새로 나오게 된다. 이렇게 해서 새들의 왕의 지위를 되찾고 당당하게 하늘로 날아오른다. 그리고는 30년 이상을 더 살게 된다. 여기에는 부리와 발톱을 뽑아내는 고통을 견뎌내야 하는 것이다. 이러한 고통을 이겨내는 독수리는 다른 독수리보다 생을 한 번 더 살게 되는 것이다.

당신은 제4차 산업혁명 시대에 살고 있다. 당신의 의지와는 상관없이 4차 산업혁명의 물결을 타고 있다. 4차 산업혁명의 핵심

기술은 사물인터넷, 빅 데이터, 블록체인, 3D 프린팅, 자율 주행 자동차, 인공지능 등이다. '한국과학창의재단'은 최근 재단이 운영하는 '사이언스 레벨업 사이트'에 'AR/VR로 실감 나게 알아보는 미래 과학기술 유망 직업 체험 콘텐츠'를 개발해 탑재했다. 다음의 10가지 미래 유망 직업을 선정했다. 드론 조종사, 가상현실 게임 개발자, 도시환경 공학자, 의공학자, 스마트 농부, 로봇 공학자, 빅 데이터 분석가, 자율 주행 자동차 전문가, 스마트 도시 운영가, 스마트 도시 전문가 등이다.

창조 영역의 일은 인공지능이 할 수 없는 인간만의 영역이다. 당신도 창조적인 일에 눈을 떠보자.

당신의 인생은 스스로 만들어가야 한다. 백세 시대와 4차 산업 혁명 시대를 살고 있는 당신은 70년을 사는 독수리와 같은 결심을 해야 한다. 현재 직장이라는 안락함에서 벗어나 평생 직업을 만들기 위한 도전에 뛰어들어야 한다. 첫째, 자신이 하고 있는 일과 평생 직업을 연결하라. 둘째, 직장에서 쌓은 당신의 지식과 경험을 돈으로 바꾸는 기술을 배워라. 셋째, 당신이 하고 싶어 하던 일 중에서 평생 직업을 만들어라. 넷째, 창조적인 일을 찾아 창직을 하라. 산이 높다고 쳐다보고만 있어서는 안 된다. 당신의 시간에서 인생 후반전을 위해 준비하는 시간을 떼어내라. 당신의 삶을 워라밸Work-life balance이 아닌 스라밸Study-life balance로 바꾸라.

04

100세 시대,
기회는 준비된 자의 것이다

> 기회는 어디에도 있는 것이다. 낚싯대를 던져놓고 항상 준비하라.
> 없을 것같이 보이는 곳에서도 언제나 고기는 있다.
> - 오비디우스

"박 수석! 회의에 갔더니 우리 부서 분사해서 독립하는 것이 어떠냐고 하는데 박 수석 생각은 어때?"

"예? 분사요? 이 어려운 시기에 분사하라고 하던가요?"

"어려운 시기니까 분사하게 되면 회사 측면에서도 인력 구조조정도 되고 경영 현황이 개선된다고 하지?"

"이건 누구 한 사람의 문제가 아니고 부서원 전체가 관련된 문제니까 토론에 붙여봐야 하지 않을까요?"

임원과 팀장 회의에 참석하고 돌아온 팀장이 박 수석을 불러서 부서 관련 회의에서 나왔던 얘기를 나누고 있다. 먼저 분사해서 독립하여 잘되고 있는 분사 회사에 대한 얘기를 한다.

분사해서 독립된 업체를 갖고 가는 것은 회사를 새로 설립하는 것과 같다. 부서가 분사해서 독립했을 때 어떠한 일감을 갖고 갈 수 있을 것인지 돈이 될 것인지 판단해야 한다. 계속적인 일감을 어떻게 확보할 수 있는지 장기 계획이 세워져야 한다. 분사 인력에 대한 인건비를 기존 수령액으로 3년간 보장해 준다. 이후는 완전 독립회사로 운영해야 하고 대기업 인건비 구조에서 중소기업 인건비 구조로 바뀌게 된다. 인력에 대한 문제는 심각해 보인다. 중간층 인력은 이전 인력차출 시 빠져나갔다. 남아 있는 인력 구조는 전체 인원대비 나이 든 차·부장 인력이 많다. 누가 남고 누가 분사 인력으로 독립할 것인가도 관건이다.

가장 큰 문제는 팀장, 부장들이 부서 업무 분야에 대하여 전문지식을 갖고 있으나 회사를 운영하는 경영지식에는 다소 무지하다는 것이다. 분사해서 독립한다는 것에 대하여 두려움이 앞서게 되어 있다. 팀장이 대표가 되어 회사를 이끌고 가야 하는데 정년퇴직이 얼마 남지 않았다. 분사 인력을 데리고 다시 시작하기에는 열정과 도전의식이 떨어져 있는 상태였다. 팀장은 분사했을 때 미래가 그려지지 않았다. 분사 인력들의 미래를 책임져야 한다는 중압감에 짓눌렀다. 결국 분사 얘기는 없던 것으로 하게 된다.

분사하는 것이 잘한 일인가 안 한 것이 잘한 일인가는 아무도 모른다. 하지만 장담할 수 있는 것은 이것이 기회였다는 것이다. 결과는 나중 문제다. 누군가 나서서 분사를 하게 되었다면 분명히 열정과 도전정신으로 무장했을 것이다. 장래가 보장되지 않는 회사에 근무하면서 많은 트러블이 생길 것이고 인력에 대한 불협화음이 경영을 힘들게 했을 수도 있다. 장래의 먹거리를 누가 책임질 것이냐 하는 어려움은 현실적으로 닥쳐올 것이다. 여러 가지 풀어야 할 숙제가 산적하게 되고 경험하지 못했던 분사로 스트레스가 쌓일 것이다. 그러나 분사하기까지 이러한 문제들은 예상했을 것이다. 그것은 극복해야 하는 과제 중 하나일 뿐이다. 대기업의 안정된 직장 생활이라는 안락함을 선택할 것이냐 아니면 분사를 통해 힘들게 열정과 도전정신으로 똘똘 뭉쳐 극복해 갈 것이냐 하는 것이 선택사항이었던 것이다. 기회는 준비된 사람이 잡는다고 했다.

타 사업부 소속의 후배가 자신이 책임지고 있던 생산직장을 분리하여 분사한다고 했다. 생산시설과 장소는 그대로 하고 20여 명의 직원들과 분사를 한다는 것이다. 초기에는 서로 의기투합하여 시작할 수 있었다. 그러나 일이 년 시간이 지나면서 분사 인력 간 불협화음이 나오기 시작했다고 한다. 회사는 긴축경영을 해야 했고 분사 전이나 분사 후 변화가 거의 없었다. 장래가 불안함을 느낀 인력은 투자지분을 돌려받고 나가기 시작했다. 위기를 느낀 후배는 분사 인력들과 많은 대화를 하면서 다시 의지를 다지곤

했지만 쉽지 않았다. 대기업에서 보장해 준다는 3년 기한이 가까이 되면서 반 이상의 인력이 빠져나갔다.

후배는 회사가 갖고 있는 기술과 능력을 재정립하고 카탈로그를 만들어 영업 최전선에 나섰다. 회사가 갖고 있는 전문기술을 앞세워 여러 업체들을 만나 홍보했다. 기존 업체들의 거래선을 바꾸는 것은 쉽지 않았다. 전략을 다시 세웠다. 홍보에 나선 업체들과 미팅하면서 제품 생산에 어려운 점이 무엇인지 도와줄 수 있는 사항이 없는지를 파악했다. 업체들이 갖고 있는 고질적인 문제들을 하나씩 해결해 주었다. 해결사 역할을 자처한 것이다. 회사의 비용구조를 낮추는 데 집중하자 제품 단가가 낮아졌다. 이러한 노력들이 업체들에게 신뢰를 주고 하나둘 거래가 트이기 시작했다.

보장기한 3년이 지나는 시점에 외부에 공장 부지를 취득하여 완전 독립회사로 운영할 수 있게 되었다. 지금은 분사 인력들이 신규 인력으로 대체되었으며, 안정된 제품 생산을 하고 있다. 분사한 후 20년 가까이 성장하며 견실한 중소기업으로 자리 잡았다.

현 시점에 와서 당시 분사 문제를 생각해 보자. 현재 관련 업종은 확장 추세로 신규 업체도 늘어나고 있다. 당시 대기업을 백그라운드로 분사를 했다면 힘든 과정은 거치겠지만 분사 업체 측면으로는 사업이 확장되어 있을 가능성이 높다. 열정과 도전정신으로 어려운 시기를 같이한 인력들은 평생 현역의 길을 가고 있을 것이다. 그렇다고 분사를 안 한 것이 잘못되었다고 평가할 수도 없다. 분사를 했으면 힘든 과정을 극복하는 과정에 인력 간 불협화음으로 분사 인력이 이탈하는 일이 있었을 것이다. 당시 대부분의 인력들은 대기업에서 정년까지 보장된 근무를 하면서 작년부터 한 명씩 퇴직하기 시작했다. 퇴직 이후 생활은 각자의 능력에 따라 달라지겠지만 '정년까지 구조조정 되지 않고 직장 생활을 하고 있다.'는 자기 만족감에 빠져 있는 것이다.

직장생활연구소 손성곤 대표는 직장인이다. 삼성그룹 공채로 제일모직에서 사회생활을 시작했다. 신규브랜드에 배치받은 지한 달 만에 사수의 퇴사로 맨땅에 헤딩을 하며 직장 생활을 시작했다. 이로 인해 '이직 후 외상증후군'에 시달렸다. 직장 생활 10년차가 되던 해 자신처럼 힘든 일을 다른 사람은 겪지 않길 바라는 마음으로 '직장 생활연구소'를 만들었다. 홈페이지 누적 방문자 수가 2백만 명이 넘는다.

손 대표는 직장 다니면서 책을 쓰는 작가이기도 하다. 홈페이지를 구축하고 방문자를 꾸준히 관리했다. 언제든지 퇴사를 하더라도 평생 현역으로 일할 수 있는 준비가 되어 있다.

취업포털 '사람인'의 설문조사에서 우리나라 성인 남녀 3,500여 명에게 물었더니 63%가 유튜브에 도전할 의향이 있다고 말했다. 유튜버 윤담백 씨가 있다. 유튜브의 가능성을 보고 2016년 유명 라이센스 잡지사에서 퇴사했다. 그리고 인터넷 방송과 함께 음악·의류 제작을 시작했다. 프리랜서 에디터로 일하면서 발표한 음악은 비록 한 시간 동안이었지만 멜론 차트 1위에 오르기도 한다. 또한 tvN 〈SNL〉 프리랜서 작가, Mnet 〈쇼미더머니7〉 스핀오프spin-off 프로그램 출연자 등으로 활동한다. 인생 2막을 유튜버로 살아가면서 여러 직업을 갖고 활동하고 있다.

직장인들은 남들이 하는 것을 보고 부러워만 하지 행동으로 연결되는 일이 거의 없다. 행동으로 옮겨서 성공하는 사람들을 보면 "나도 그때 퇴사해서 시작했으면 저만큼 할 텐데." 하고 아쉬워만 한다. 말만 하지 말고 행동하는 직장인이 되어야 한다.

100세 시대, 인생 후반 당신의 삶을 준비하라. 당신은 "정년퇴직 시까지 근무한다고 스트레스 받아가며 할 만큼 했다."라고 자신을 정당화할 수 있을 것이다. 하지만 준비되지 않은 은퇴는 내리막길로 당신의 삶을 인도할 것이다. 직장 다닐 수 있을 때 월급 받으면서 평생 현역을 준비해야 한다. 제4차 산업혁명 시대에 새로운 직업에 도전하는 직장인들도 많다. 인생 전반전과 인생 후반전은 별개의 인생이라는 것을 기억하라. 살아가면서 3번의 큰 기회가 온다고 한다. 인생 전반전을 준비했던 노력 그 이상의 열정으로 인생 후반전을 준비하라. 인생 후반전 성공이나 기회도 준비된 사람의 것이다. 평생 현역의 기회는 당신이 만드는 것이다.

05

잘 배운 취미 하나
당신의 평생 직업이 된다

사람이 얼마나 행복하게 될 것인지는 자기의 결심에 달려 있다.
- 에이브러햄 링컨

"홍 선배, 요즘 뭐하세요?"

"여기 난실이야! 난 분갈이하고 있어. 한번 놀러와."

홍 선배는 요즘 난을 키우는 데 푹 빠져 있다. 홍 선배는 현업
에 있으면서 난에 취미를 갖고 키우기 시작했다. 매달 돈이 생기
면 난을 구매하는 데 우선적으로 사용했다. 난을 구매하면서 난
으로 업을 하는 인맥들도 키워나갔다. 난이 많아지자 직장과 집
출·퇴근길 중간쯤에 조그만 난실을 마련했다. 퇴근 시나 주말이
면 난실에 들러 물도 주고 분갈이도 하면서 착실하게 관리해 왔

다. 홍 선배가 난을 잘 키운다는 소문이 나기 시작했다. 이후 여러 인맥들로부터 서로 자기네 난실에 입주하라고 요청이 왔다. 홍 선배는 집에서 멀지 않고 괜찮은 전문 난실을 알아보고 입주할 수 있었다. 퇴직하게 되자 현업과 관련업체에서 재취업 제의도 있었다. 하지만 재취업하게 되면 난을 관리할 수 없다고 판단했다. 앞으로는 난 키우는 데 집중하기로 했다. 난을 키우면서 난의 유전자 검사하는 것이 난을 하는 사람들에게 필요한 것을 알게 되었다. 난 유전자 검사는 난을 거래하는 사람들에게 중요하지만 전문적으로 하는 사람이 없었다. 홍 선배는 틈새를 확인하고 난 유전자 검사하는 업무를 전문적으로 대행해 주기로 했다. 난 유전자 검사 대행 업무를 하면서 신뢰를 주게 되었다. 소문이 나자 지방에서도 홍 선배에게 유전자 검사의뢰가 들어왔다. 난실에서 난을 키우고 유전자 검사업무도 해주면서 평생 직업을 가꾸어 나가고 있다.

홍 선배는 평소 즐겨하던 취미를 평생 직업으로 연결하여 활동하고 있다. 주로 난은 회사에서 임원 승진 시 지인이나 협력업체로부터 축하선물로 많이 받게 된다. 회사 창업이나 자영업 창업시에도 축하선물로 많이 하게 된다. 주변에 찾아보면 난을 키우며 수익을 창출하는 사람들이 많이 있는 것을 알 수 있다.

홍 선배처럼 취미와 관련된 아이템으로 창업을 하는 사람들이 늘고 있다. 직장인은 업무나 인간관계에서 오는 스트레스에서 벗어나고 싶어 한다. 직장 생활의 출·퇴근 규정과 같은 시간적 제약이나 회식과 같은 틀에 박힌 생활에서 자유롭고 싶다. 매일 당신이 좋아하는 일을 하고 있다고 상상해 보라. 얼마나 즐거운 일인가. 마음속에서는 춤과 노래가 절로 나올 것이다. 좋아하는 일을 하고 있으면 시간 가는 줄 모른다. 얼굴에는 미소가 번질 것이다. 벌써 콧노래를 부르고 있을 것이다. 가족과의 생활도 나날이 즐거울 것이다. 매일 누가 결근을 했는지 늦게 왔는지 외근을 갔는지 신경 쓸 필요가 없다. 직장에서처럼 싫은 사람을 매일 보고 있어야 하는 괴로움이 없어진다. 인간성 안 좋은 선배직원이나 상사에게서 꾸지람을 받지 않아도 된다. 말 안 듣는 직원으로부터의 스트레스가 없어진다. 당신이 계획하고 당신이 실행하면 된다.

한국직업방송 〈취미로 먹고 산다 시즌2〉에서는 탭댄스로 행복한 리듬을 만드는 사람들 그룹 87.5의 이야기를 방송했다. 87년생 3명, 88년생 4명이 만나서 평균으로 87.5라고 했다. 각자 20대부터 탭댄스 활동을 하던 네 사람은 동호회에서 만나 동갑임을 알게 되고 친해져 자연스럽게 의기투합하게 되었다. 서로 의지하고 취미를 나눌 수 있는 친구가 모여 탭댄스 스튜디오를 운영한다. 친구들이 모여 크고 작은 공연들을 한다. 공연 연습을 하는 연습 시간에도 모두 얼굴 가득 웃음을 띄고 춤을 춘다. 이들에게는 공연 자체가 잘 놀다 가는 시간이 된다. 탭댄스가 그들의 삶이 된 것이다.

최근 창업 시장의 글로벌 트렌드는 하비프러너Hobby-preneur이다. 취미를 발전시킨 창업이라는 뜻이다. 모바일 시대인 요즘은 취미 활동의 산물을 마케팅하거나 팔 수 있는 수단이 다양해져 창업으로 이어지는 사례가 많아졌다.

당신에게 필요한 것은 당신이 좋아하는 취미생활로 새로운 가능성을 찾는 것이다. 직장인들에게 취미가 뭐냐고 하면 '독서', '등산', '낚시', '영화감상' 같은 단어를 쏟아낸다. 하지만 지금 얘기하는 당신이 좋아하는 취미는 아무나 이력서에 써내는 그렇고 그런 취미를 말하는 것이 아니다. 아직 당신이 좋아하는 취미가 무엇인지 모르겠다면 책에서 찾을 수도 있다. 그리고 나서 용기를 내서 도전을 해야 한다.

직장인은 직장인의 의식을 전환해야 한다. 당신의 직장 생활을 돌이켜 생각해 보라. 매일 일찍 일어나 출근하고 하루 종일 업무에 시달린다. 대면하기 싫은 상사에게 업무보고를 하고 같은 공간에서 일을 해야 한다. 자신의 적성과는 무관한 일을 하면서 보낸다. 우울증에 시달리기도 한다. 무기력한 생활을 되풀이한다. 이러한 직장 생활의 의식에서 빠져나와야 한다.

인생 2막에는 취미생활을 하면서 즐기기도 하고 돈도 벌 수 있는 생활로 전환해야 한다. 작가 이노우에 히로유키는 "의식이 변화하면, 자연히 행동도 변화합니다. 행동이 변하면 현실도 변화합니다."라고 말했다. 당신에게는 이러한 행동을 변화시키는 용기와 도전정신이 필요하다. 가능성을 찾기 어려우면 자신이 좋아하는 책을 찾아서 읽어본다. 느긋한 책읽기가 아닌 하루 한 권씩 독서를 해 본다. 독서를 많이 하다 보면 자연스럽게 책에서 놀라운 것을 발견하게 된다. 읽은 책 속에서 당신의 관심사를 정리해 본다. 정리된 자료들을 분석해 보면 당신의 관심사가 어떤 것인지 알게 될 것이다. 그러면 당신의 관심사 기준으로 다시 책을 읽게 된다. 관심사를 구체화하고 또 구체화하라. 구체화된 관심사가 당신 머릿속에서 상상의 나래를 펴게 될 때까지 끊임없이 구체화한다. 그렇게 구체화된 관심사가 당신이 용기를 내서 도전할 대상이다.

당신의 취미로 창직을 해서 당신만의 브랜드를 구축할 수도 있다. 최근 창직 열풍이 불고 있다. 창직 컨설턴트 과정을 개설하고 창직 전문가를 양성하고 있다. 창직 전문 컨설턴트인 맥아더스쿨 정은상 교장의 2018년 1월 창직 칼럼에서 인용해 보면,

"창직에는 공식이 없다. 예비지식이나 자격증도 필요 없다. 책을 많이 읽는다고 창직이 되는 것도 아니다. 오감으로 느끼는 모든 것을 흉내내어 보아도 창직과는 거리가 멀다. 지금까지 살아오면서 한 번도 듣지도 보지도 못한 일을 하고 싶어지면 그것이 창직의 출발이라고 보아야 한다. 창직하기로 마음을 먹고 남들에게 선언하는 순간부터 직접 경험하는 것이 모두 창직의 밑거름이 된다. 선언하고 나면 그것을 이루기 위해 관련된 독서도 하게 되고 모든 생활 속의 관심이 하나로 집중된다. 이때부터 하루하루 창직의 첫걸음이 시작되는 것이다."

놀먹대학교 남기선 학장은 꿈 여행자, 인생여행 코치이다. 대기업 영업에서 일하다 퇴사 이후 그냥 좋아하는 것을 하기로 했다고 한다. 얼마 전에는 부인과 함께 89일간 세계 일주를 했다. 또 스마트화가 정병길 작가는 모바일 스마트폰, 태블릿 등을 이용해 디지털 드로잉으로 작품 활동을 한다. 은행원으로 30여년을 살고 은퇴 후 그림 그리기, 글쓰기 등 다양한 취미활동을 했다. 그리고 새로운 분야인 SNS를 배우러 갔다가 '모바일그림'의 매력에 빠졌다고 한다. 스마트화가로 인생 2막을 즐기고 있다.

평소의 취미생활을 평생 직업으로 삼고 있는 성공 덕후들을 벤치마킹하라. 인생 2막은 자신이 좋아하는 일을 하면서 생활해야 한다. 당신의 시간을 팔아서 직장에서 월급을 받으며 구속받는 생활에서 벗어나야 한다. 당신의 시간은 당신이 계획하면서 살아야 한다. 앞으로의 삶은 나이를 초월해야 한다. 평생 직업을 갖고 살아가기 위해서는 평소 당신의 건강을 관리해야 한다. 건강하지 않은 평생 직업의 삶은 즐겁지 않다. 인생 2막은 좋아하는 일을 하고 건강하게 살면서 사회에 선한 영향력을 줄 수 있어야 한다. '체력은 곧 국력'이라는 말이 있다. 이는 '건강은 곧 평생 직업의 힘'이라는 말이다. 당신이 잘 배운 취미를 평생 직업으로 연결하라.

06

인생의 겨울이 오기 전
평생 직업을 준비하라

세상 모든 일은 당신이 무엇을 생각하느냐에 따라 일어난다.
- 오프라 윈프리

　올해 2월 11일 문재인 대통령은 청와대에서 주재한 고용노동부·농림축산식품부·환경부 업무보고에서 "생산가능인구의 급격한 감소에 대비하려면 여성과 어르신의 경제활동 참여를 최대한 늘려야 한다."며 "고용(정년) 연장에 대해 본격적인 검토를 시작할 때가 됐다."라고 말했다.

　정년 60세 법안이 2016년 시행된 지 4년 만에 또 정년연장 방안이 검토되고 있다. 이것은 우리나라 인구의 고령화 속도와 관계가 있다. 우리나라의 고령화 속도는 앞으로 30년 동안 세계에서 가장 빠르게 진행될 것으로 예측되고 있다.

먼저 고령화를 경험한 일본도 마찬가지로 정년연장에 대하여 고민해 왔다. 기대수명이 늘어나면서 근로자들은 정년연장을 요구했다. 하지만 기업은 비용 부담과 젊은 조직문화 구축의 어려움으로 부정적인 자세를 취하고 있다.

작년 9월 통계청이 발표한 '세계와 한국의 인구현황 및 전망'에 따르면 한국의 고령인구 구성비는 1975년 3.1%였으나 2019년 14.9%로 약 5배 증가했다. 2067년에는 46.5%가 될 것으로 예측되고 있다. 나라의 경제가 원활하게 움직이기 위해서는 생산인구의 비율이 높아야 한다. 그러나 대안 없이 정년연장을 통해 생산인구의 비율을 높이는 것은 젊은 층의 일자리 문제와 맞물리게 된다. 부모세대와 자식세대 간 일자리 다툼이 일어나게 된다. 기업은 나이 든 직원보다는 젊은 직원을 수혈함으로써 조직문화에 활력을 줄 수 있기를 원한다.

현재 마흔 직장인은 정년이 60세보다 더 늘어난 제도하에서 근무하게 될 것이다. 하지만 한국은퇴생활연구소 박영재 대표에 따르면 "2016년 한국의 중장년 남성은 51.6세에 퇴직하고 72.9세까지 21.3년을 더 일한다. 중장년 여성 역시 47.0세에 퇴직해 70.6세까지 23.6년을 더 일하는 실정이다."라고 하고 있다. 주된 직장에서 퇴직한 후에도 20여 년을 더 일을 해야 한다. 이들이 재취업이나 창업으로 주된 직장에서 하던 업무와 연계하여 자신의 지식과 경험을 필요로 하는 일을 하고 있을까? 전문 기술을 요하는 업무로 전문가 수준의 지식을 갖고 있지 않다면 다른 일을 하게 된다. 그렇다면 퇴직 후 20여 년을 어떤 일을 하면서 생활하고 있을 것인가?

온라인 취업포털 '사람인'이 구직자 907명을 대상으로 '비정규직 취업 의향'을 조사한 결과, 55.3%가 '의향이 있다'라고 답했다. 이는 2015년 동일 조사 결과(48.6%)와 비교해 6.7%p 증가한 수준이다. 연령대별로는 '50대 이상'(82.3%), '40대'(70.8%), '30대'(54.3%), '20대 이하'(47.7%) 순으로 연령대가 높을수록 응답률이 높게 나타났다. 비정규직으로 취업하려는 이유로는 '일단 취업하는 것이 가장 중요해서'(64.1%, 복수응답)를 첫 번째로 꼽았다.

당신이 주된 직장에 다니고 있을 때는 직장이라는 조직에 있는 것으로 행복한 삶을 살아갈 수 있다. 조직 내에서는 자신의 업무지시를 받는 부하직원들도 있다. 밖에서는 좋은 직장 다닌다고 주위로부터 부러움을 받는다. 직장이라는 빽으로 신용대출에도 문제가 없다. 가족에게도 멋지고 훌륭한 아빠로 살아갈 수 있다. 친척이나 친구들은 '좋은 회사 다니니까 잘 살고 있겠구나.'라고 생각한다. 이러한 환경들은 당신에게 직장인으로 계속 남아 있어야 한다고 속삭인다. 그러나 퇴직하기 전 평생 직업으로의 일을 찾지 못한다면 당신의 인생 후반에는 봄, 여름, 가을은 없어지고 겨울만이 남아 있게 된다. 겨울철 밖에 나가면 아무리 두툼한 외투를 입고 있어도 당신의 몸과 마음속은 겨울 찬바람에 얼어붙을 것이다.

최근 변화에 유연하게 대처하는 애자일Agile 사고방식에 대한 관심이 높다. 2020년 산업 전 분야의 기업들이 애자일을 경영 트렌드로 꼽고 있다. 이러한 애자일을 경영이 아닌 당신에게 적용해 보라. 애자일Agile은 영어사전에 '날렵한, 민첩한, (생각이)재빠른, 기민한'이라고 되어 있다. 직장에서 '끝까지 살아남는 자가 강한 자'라고 했다. 이러한 말도 '민첩하게 살아남는 자가 강한 자'로 바뀌어야 한다. 인생 2막은 남들이 다 하는 직업 중에서 선택하게 된다. 하지만 4차 산업혁명 속에서 민첩하게 특화시킬 분야를 찾아 쪼개고 쪼개어 엣지를 만들고 새로운 창직을 시작해 볼 수도 있다.

고등학교 시절 내가 다니던 학교와 쌍벽을 이루고 경쟁하는 고등학교가 있었다. 체육대회가 열리면 반드시 두 고등학교가 축구 시합에서 맞붙게 된다. 시합이 있는 날이면 선수뿐 아니라 선생님 이하 학생 모두 경쟁심으로 가득하다. 축구 시합 전부터 양쪽 학교에서는 열띤 응원전을 펼치게 된다. 그때 목이 터져라 불렀던 〈차돌가〉라는 응원가가 생각난다.

차돌같이 단결했다 육탄의 왕자　　온 세상의 용감함을 떨쳐 일으켜

필승하는 우리 선수 질 줄 모르니　　울려라 진군의 나팔

폭풍같이 달려 나가서　　승리의 깃발을 높이 올리세

싸우면은 이겨내는 우리 선수야　　그 이름 빛나도다

두 고등학교의 축구 시합은 필시 한·일전을 연상하게 한다. 선수들만의 경쟁이 아니라 학교의 자존심이 걸린 시합이다. 그날 시합에서 이긴 학교는 선수들을 앞장세워 시내를 퍼레이드하고 다닌다. 선생님, 학생 모두 흥분되고 만나면 그날 시합에 대한 애기를 한다. 만일 지게 되면 모두들 아쉬움을 넘어 낙담하게 된다. 그날 이후 선생님들의 분위기는 더욱 엄해지고 학생들은 기가 죽는다. 선수들은 다음 해 시합에서 필승을 위해 더 열심히 훈련을 하게 된다.

머지않아 당신에게 다가올 미래를 준비하는 데 도움이 되었으면 한다. 당신은 직장인의 의식에서 벗어나 용기를 갖고 필승한다는 정신으로 인생 2막에 도전해야 한다. 그 열정으로 '겨울이 오기 전 평생 직업 준비'라는 시합에서 승리할 수 있을 것이다. 오직 자기계발을 위한 당신의 열정과 추진력을 필요로 한다. 자기계발을 위한 시간 관리와 투자만이 따뜻한 겨울을 맞이하게 해줄 것이다.

요즘 인터넷을 뜨겁게 달구고 있는 와카미야 마사코 작가의 열정은 롤 모델이 될 것이다.

와카미야 마사코 작가는 여든 살 나이에도 아이패드를 즐긴다. 젊어서는 은행 업무를 했다. 그녀 나이 환갑에 처음 컴퓨터를 구입하게 되었다. 그녀는 '노인들도 즐길 수 있는 스마트폰 게임이 있었으면 좋겠다.'는 생각을 하게 된다. 그리고 자신이 직접 6개월간 코딩을 공부하며 노인들을 위한 스마트폰 게임 앱 '히나단'을 출시했다. 2017년 7월에는 애플에서 매년 개최하는 세계개발자회의에 초대되어 참석했다. 당시 애플의 팀 쿡 CEO가 직접 인터뷰를 했다. 만 82세인 그녀는 '세계 최고령 앱 개발자'이자 '노인들의 스티브 잡스'로 세상에 소개된다. 그녀는 아이패드로 고전악기 연주를 배운다. 엑셀로 자신만의 액세서리를 디자인한다. 페이스북으로 친구를 사귀고, 구글 번역기를 들고 자유여행을 떠난다. 1년에 한 번씩 자유여행으로 해외여행을 다니며 강연도 한다. 호기심이 많아 하고 싶은 일을 시작한 것뿐이라고 한다. 2019년에 『나이 들수록 인생이 점점 재밌어지네요』를 출간했다.

저자는 앞에서 당신의 평생 직업과 평생 현역에 대하여 많은 얘기를 해왔다. 1장에서는 인생 2막을 어떻게 준비할 것인가, 2장에서는 하루라도 일찍 시작하는 것이 유리하다, 3장에서는 인생 후반 준비를 위한 원칙을 세우라, 4장에서는 직장 다니면서 인생 2막 준비하는 법, 마지막 5장에서는 당신도 평생 현역을 준비하라고 하면서 쉬지도 않고 달려왔다. 이제 당신도 변화에 유연하게 대처하는 애자일Agile 사고방식으로 바꿔라. 인생의 겨울이 오기 전에 평생 직업을 준비하라. 이제는 당신의 올바른 선택에 달려 있다. 아직도 마음을 정하지 못하고 있다면 010.4592.7248 번호로 연락해 보라. 부디 인생 2막을 위한 당신의 불굴의 용기와 아름다운 도전으로 따뜻한 봄을 맞이하기 바란다.

07

책부터 써라,
책을 써야 성공한다

내가 살던 마을의 작은 공립 도서관이 오늘의 나를 만들었다.
- 빌 게이츠

"당신은 한 개인의 삶을 어떻게 생각하는가?"

고등학교 시절 내 인생에 대하여 많은 생각을 하게 되었다. 그때 '인생은 한 편의 연극과 같다.'라는 생각을 했다. 내 자신이 인생이라는 한 편의 연극에 등장하는 배우 중 한 사람이라고 생각했다. 이미 짜인 시나리오에 맞춰 내 삶을 살아가고 있다고 생각했던 것이다. 그러면 그 짜인 시나리오의 각본을 바꿀 수는 없을까? 내가 좀 더 나은 배역을 맡은 배우로 등장하도록 그 시나리오를 바꾸면 되는 게 아닌가? 그때부터 내 삶의 어려움에서 벗어나기 위한 나와의 싸움을 시작했다. 가난 앞에 더 이상 잃을 것이 없다고 생각했다. 오직 내가 갖고 있는 것, 젊음과 시간에 집중하기로 했다. 나는 열정과 도전이라는 패기와 투지로 지금의 상황을 극복해야 했다. 그렇게 나의 배역을 바꾸기 위한 행동에 집중했다. 초등학교 시절 평범하게 살면서 지내다가 생활의 어려움을 겪어야 하는 환경은 나의 의식에 변화를 주었던 것이다.

하지만 직장인으로의 삶은 나에게 한계를 보여주었다. 직장이라는 틀 안에서 생각이 좁혀지게 되었다. 당시 사회 분위기는 대기업 직장인에서 탈락하는 것은 인생 경주에서 탈락하는 것으로 생각되었다. 다행인지 직장에서의 엔지니어 업무는 적응하는 데 어려움이 없었다. 기술자 아버지의 모습을 보면서 성장해 온 것이 밑거름이 된 것 같았다. 전직이라는 과정을 겪으면서 직장인의 고비가 있었지만 잘 견뎌냈다. 직장 생활하면서 많은 변화가 있었지만 적응을 잘해 왔다. IT기술의 변화에 적응하고, IMF 외환위기, 2008년 금융위기 등 안팎의 변화에 흔들림 없이 자리를 유지했다. 프로젝트에 참여하면서 어려운 고비도 있었지만 성공할 때마다 엔지니어로서 성취감을 느끼며 생활했다. 그렇게 적지 않은 굴곡진 대기업 직장 생활 30년을 보냈다. 직장인에게는 여기까지가 한계인 것이다. 직장인은 사회의 변화 속도를 따라잡기 어렵다. 직장이라는 틀 안에서 생각하고 선택하고 결정하게 된다.

그렇게 대기업에서 퇴직했지만 퇴직 후 생활을 위해서는 번듯하게 이루어 놓은 것이 없다. 신입사원 시절 인간의 평균 수명이

60세였는데 80세로 바뀌더니 이제는 100세 시대라고 한다. 대기업에서 정년퇴직을 하면 평균 수명 60세까지 살아가는 것은 무난하다고 본다. 평균 수명 80세까지도 콩나물 가격 깎듯이 긴축살림을 하든가 해서 생활을 유지한다고 할지 모르겠다. 그러나 100세 시대는 너무 멀다.

이후 중소기업에서 다시 직장 생활을 시작했다. 대기업이라는 KTX 열차에서 중소기업이라는 무궁화호 기차로 갈아탄 것이다. 수입이 떨어지자 삶의 질이 낮아졌다.

중소기업 직장인으로 7년의 기간이 지나갔다. 그런데도 아직 60대 나이로 건강하고 가슴에는 열정이 남아 있다. 직장 생활하는 동안 퇴직 후의 좋아하는 취미생활이나 일을 할 수 있는 환경을 만들지 못했다. 중소기업에서 일에 흥미를 잃어갈 즈음에 도서관을 찾게 되었다. 그나마 책은 나에게 위로를 주고 있었다. 소크라테스는 "책을 자주 읽음으로 자신을 성장시켜라. 책을 읽음으로 다른 사람들이 아주 힘들게 얻은 지식을 쉽게 얻을 수 있기 때문이다."라고 말했다.

도서관에서 만난 한 권의 책은 내가 책 쓰기에 도전할 수 있는 계기가 되었다. 작가들마다 "직장인 10년 차이면 지식과 경험으로 책 한 권 쓰고도 남는 인생이다."라고 책에 적고 있다. 그러면 직장 생활 30년 한 사람은 세 권의 책은 충분히 쓴다는 것인데 책 한 권 쓰는 것은 어렵지 않겠다는 자신감을 불러 일으켰다.

내가 책을 쓰려고 하는 데는 또 하나의 특별한 이유가 있다. 나는 직장 다니면서 바쁘다는 등 핑계로 내가 살아온 얘기를 아내나 자녀들에게 들려준 적이 없었다. 특수 업종에 근무하기 때문에 회사 일을 집에 와서 얘기하면 안 된다는 이유로 내가 하는 일을 제대로 얘기해 준 적도 없었다. 이제는 자녀가 성장하여 어른이 되어서 따로 내 얘기를 들려준다는 것이 어색하다. 그래서 책에다 나의 얘기를 쓰고 자녀에게 책을 선물하여 자연스럽게 나의 삶을 알리고 싶다. 이제까지 베일에 감추어져 있던 나의 인생을 선물하는 것이다.

자신이 하고 싶은 일이 있으면 스스로 찾아서 하게 된다. 일을 하면서도 즐겁고 행복하다. 일에 몰두하게 되고 시간 가는 줄 모르고 하게 된다. 나는 책 쓰기 위한 정보를 찾아보고 '한책협'에서 길을 찾았다. 나의 책 쓰기는 이렇게 시작하게 되었다.

김태광 작가 아니 김도사는 특강 참석한 사람들에게 이렇게 말했다.

"평범한 사람일수록 책을 써야 한다. 성공해서 책을 쓰는 것이 아니라 책을 써야 성공한다! 한 권의 저서는 박사학위보다 더 가치가 있다. 한국 최고의 코치에게 배우면 1개월 만에 책을 쓰고 계약한다."

책을 쓰고 성공한 사람들은 많다. 김한길 전 문화부 장관은 1991년 저서 『여자의 남자』를 출간하고 베스트셀러 작가가 되었다. 지명도가 높아지자 전국구 국회의원이 되고 문화부 장관까지 역임하였다. 초등학교 교사 이지성 작가는 저서『여자라면 힐러리처럼』,『꿈꾸는 다락방』이 베스트셀러가 되면서 작가의 삶을 살고 있다. 공무원 강호정 주무관은 저서『카페스타일 홈인테리어』를 출간했다. 출간 후 KBS1 〈아름다운 집〉, KBS2 〈생방송오늘〉, 〈리빙쇼-당신의 6시〉, MBC 〈금요와이드〉, SBS 〈생방송 투데이〉에 출연했다. 천호식품의 김영식 회장은 저서『10미터만 더 뛰어봐』를 출간하고 베스트셀러가 되면서 '열정과 정직'으로 경영하는 천호식품의 이미지를 심어 주었다.

이외에 김도사에게 직접 교육받은 수강생들이 책을 쓰고 성공의 길을 가고 있는 경우가 많다. 유튜버 김새해, 단희쌤(이의상), 김병완, 이혁백 등 많은 작가들이 '한책협' 김도사에게 배우고 유튜브에서 활동하고 있다. 책을 써서 1인 창업을 하고 경제적 자유인으로 살고 있는 것이다. '한책협'에서는 2019년에만 122명의 개인저서 출간 작가를 배출했다.

소말리아 속담에 "노인 한 사람이 죽으면 도서관 하나가 불타 없어진 것이다."라는 말이 있다. 바꾸어 말하면 "직장인 한 사람이 은퇴 후 기록이 없으면 그동안 축적한 지식과 경험들이 사회에 환원이 안 되고 사장된 것이다."라고 할 수 있다. "성공해서 책을 쓰는 것이 아니라 책을 써야 성공한다!"라는 말은 나에게 절실하게 다가왔다. 그동안 열심히 살아왔다고 자부하지만 그것들은 오롯이 회사를 위한 삶이었다. 회사를 떠나게 되는 순간 '나'의 정체성이 없어지게 된다. 퇴직과 함께 열심히 살아온 흔적도 회사에 반납하게 된다. 사회에 나오면 하나의 추억으로만 기억에 남게 된다. 그래서 나의 삶은 물론 직장에서 익힌 지식과 경험들을 책 쓰기를 통하여 사회에 선한 영향력을 줄 수 있기를 바란다.

지금은 브랜드 시대이다. 공병호 박사는 이렇게 말했다.

"앞으로 개인의 브랜드가 점점 중요해지게 되면 자신의 이름으로 자신의 경험을 포장하여 책을 내는 것처럼 효과 있는 일도 드물 것."

당신은 책을 쓰고 싶다거나 써 본 경험이 있는가? 사람들은 모두 자기만의 삶을 살아왔다. 이 세상에 똑같은 삶이라는 것은 없다. 책을 쓰는 것은 자기계발의 시작이자 끝이라고 할 수 있다. 자신의 인생역정, 지식과 경험을 세상에 알리는 것이다. 책을 쓰면 저자의 이름을 퍼스널브랜딩하게 된다. 한 사람의 삶을 책으로 쓰게 되면 누군가는 그 책을 읽고 새로운 삶을 살게 될지도 모른다. 세상에 선한 영향력을 펴게 되는 것이다. 언제까지 책을 읽기만 할 것인가? 당신도 책을 읽는 독자에서 책을 쓰는 저자로 위치를 바꿔라. 성공해서 책을 쓰는 것이 아니라 책을 써야 성공하는 것이다.

준비하는 자와 준비하지 않는 자

독자들은 백세 시대에 살고 있다. 남자의 경우 대학 졸업과 군 복무를 마치고 직장에 취업 가능한 연령은 약 25세, 군 복무 의무가 없는 여자의 경우 약 23세 정도이다. 그렇게 취업한 직장인들이 주된 직장에서 퇴직하는 평균 연령을 보면 50세 전후로 퇴직하게 된다. 초등학교 6년, 중·고등학교 6년, 대학 4년 동안 공부를 해서 주된 직장에 약 26년 근무를 하게 되는 것이다. 퇴직 후에도 당신의 인생은 50년이 남아 있다. 50세 퇴직하기까지 아둥바둥 얽히고설키고 하면서 살아왔는데 또 50년을 더 살아야 하는 것이다.

직장인은 최소 16년의 배움 과정을 통해 약 26년의 직장생활을 하고 퇴직을 하게 된다. 퇴직 후 당신 앞에 50년이라는 인생 2막의 시간이 더 남아 있다. 그러면 인생 2막의 삶을 위해서는 어떻게 무슨 준비를 해야 할까? 제4차 산업혁명의 물결 속에서 우리는 미래에 대한 불확실성의 시대에 살고 있다. 강한 자만이 살아남는 세상이 아니라 준비된 자만이 살아남는 세상이 된 것이다.

지금까지는 적성과 무관한 삶을 살아왔더라도, 인생 2막에는 당신이 하고 싶은 일을 하면서 살아야 한다. 그러한 삶을 살기 위해서는 준비과정이 있어야 한다. 준비과정은 당신이 현직에 있을 때 하는 것이 최선이다. 인생 2막 준비를 위해서는 직장인의 마인드에서 의식변화를 해야 한다. 당신이 하고 싶은 일을 찾아야 하고, 그 일에서 당신의 50년 삶을 살아갈 수 있어야 한다. 그것은 당신의 용기와 열정 그리고 도전을 요구한다. 그러한 당신에게 이 책이 도움을 줄 수 있기를 바란다.

정신과 전문의 이시형 박사는 저서 『공부하는 독종이 살아남는다』에서 이렇게 말한다.

"이런 때일수록 필요한 건 공부, 그것도 창조적 공부입니다. 영어 단어나 상식 하나 더 외워서 '스펙'을 높이는 건 진짜 공부가 아닙니다. 차분히 앉아 내가 처한 상황을 순서대로 생각해 봅시다."

첫째, 우리는 주인입니다. 학생 시절의 손님 같은 기분이어선 안 됩니다. 가정의, 직장의, 그리고 이 사회의 주인. 그래서 책임도 내가 져야 합니다.

둘째, 주인이 되면 문제가 보이기 시작합니다. 예전에는 남의 일이었던 것들이 분명한 내 문제가 되어 다가옵니다.

셋째, 문제가 보이면 해결해야 합니다. 이건 내가 할 일, 내가 아니면 할 수 없는 일입니다.

넷째, 해결하려면 새로운 길을 생각해 내야 합니다. 제도를 고치든, 무언가를 새로 만들든 새로운 과정이 필요합니다.

다섯째, 새로운 걸 만들어 내려면 창조적이어야 합니다. 생각하고, 정리하고, 구체적인 방법을 모의하는 것도 모두 창조적 과정입니다.

여섯째, 창조적으로 되기 위해선 공부를 해야 합니다. 해도 많이 해야 합니다. 전문가의 자문을 구하든 인터넷을 뒤지든 새로운 공부가 필요합니다.

당신은? 혹시 얄팍한 이력서나 채우겠다고 전전긍긍하는 건 아닙니까? 혹은 이제 공부는 필요 없다고 생각하고 있지는 않습니까?

미국의 철학자이자 심리학자인 윌리엄 제임스는 말했다.

"생각이 바뀌면 행동이 바뀌고, 행동이 바뀌면 습관이 바뀌고, 습관이 바뀌면 인생이 바뀌고, 인생이 바뀌면 운명이 바뀐다."

이 책이 나오기까지 도움을 주신 분들에게 감사를 드린다. 한 권의 책을 통해 평범한 내가 책을 써야 한다는 계기를 준 책 쓰기 도사 한 분이 있다. 수강생들은 저마다 '김도사'라고 부른다. 현재 '한책협' 김태광 대표가 바로 '김도사'이다. 그는 강의나 카페를 통해 "나는 목숨을 걸고 가르칩니다."라고 말하며 코칭 내용을 공유한다. 그리고 선배 기수 수강생들의 성공담을 공유하며 수강생이 초고완성까지 갈 수 있도록 의식을 고취시키고 독려한다. 또한 이 책의 초고를 보고 바로 출판의 기회를 허락해 주신 도서출판 행복에너지 권선복 대표에게 감사를 드린다.

　마지막으로 가족들에게 미안한 마음을 이 책으로 보답하고자 한다. 가정을 이루고 지금까지 살아오면서 가족들에게 근엄한 아버지의 이미지만 주게 된 것 같다. 아내에게 따뜻한 말 한마디 제대로 해주지 못했고, 자녀들에게 자상한 아버지의 역할을 해 주지 못했다. 특수 업종에 근무한다고 집에 와서 직장 얘기는 해주지 않았다. 내가 어떤 환경에서 성장했는지, 어떤 마인드로 직장 생활을 해 왔는지, 나의 속마음에 대해 아내와 자녀들에게 얘기해 준 기억이 별로 없다. 이 책을 쓰기까지 옆에서 응원해준 아내에게 감사하다. 자녀들에게는 부족했던 아버지의 마음을 이해해 주고 화목하고 행복한 가정으로 살아가게 되기를 기도한다.

- 저자

누구나 백세 인생을 준비해야 하는 시대, 열정 충만한 인생 2막을 찾아 나가는 '삶'을 응원합니다!

권선복
(도서출판 행복에너지 대표이사)

　의학과 기술의 눈부신 발전으로 '백세 인생'은 현실이 되었습니다. 이는 누구나 은퇴 이후 40년 가까운 기간을 새로운 일에 뛰어들어 살아가야 한다는 것을 의미합니다. 여기에 더해 계속되는 경제 불황, 조기 퇴직 등으로 '정년퇴직'의 의미가 무너지고 있습니다. 그리고 자녀들이 일찍 독립하여 부모를 부양하는 것 역시 N포세대(7포세대(연애, 결혼, 출산 포기+내 집 마련, 인간관계+꿈, 희망))라는 말이 유행하는 것처럼 급변하는 사회적 변화로 사실상 불가능해지고 있습니다. 즉, 한 직장에 의지해 평생을 설계하는 것은 이제 과거의 이야기이며, 누구나 몇 개의 업(業)과 직장을 옮겨가면서 평생 동안 일을 해야 하는 시대가 된 것이 어쩔 수 없는 '현실'인

것입니다.

하지만 누구나 미래 대책을 세워야 한다는 사실을 알고 있으면서도 막상 시작하려고 하면 막막할 뿐입니다. 특히 현재 직장에서 하고 있는 일이 막 궤도에 오른 40대 전후의 장년층이라면 자신이 언젠가 현재의 직장을 떠나 새로운 일에 익숙해져야 하는 날이 온다는 것 자체를 인정하고 싶지 않을지도 모릅니다.

이러한 이들을 위해 이 책『마흔, 인생 2막을 평생 현역으로 사는 법』은 '40대야말로 미래의 인생 2막을 준비하는 데에 핵심이 되는 시기'라고 이야기해 줍니다. 여기에 더해 40대에 퇴직 이후를 준비해야 하는 이유, 퇴직 이후의 일로 '자신이 좋아하고 잘하는 일'을 찾아야 하는 이유, 직장 일에 몰입하면서 동시에 자기계발에도 충실할 수 있도록 하는 방법, 자기계발을 위해 독서와 책 쓰기가 반드시 필요한 이유 등에 대해 명확하면서도 열정적인 어조로 우리에게 이야기해주고 있습니다.

세상은 따라잡기 어려울 정도로 빠르게 변해 가고 있음에도 많은 이들이 직장의 보호 속에서 안락함에 빠져들어 외부 변화에 대해 둔감해집니다. 하지만 직장이라는 울타리가 사라지고 변화에 직면하게 되었을 때 당황하지 않으려면 미리 변화에 대처할 수 있는 능력을 키워야 할 것입니다. 그렇기에 이 책『마흔, 인생 2막을 평생 현역으로 사는 법』을 통해 자신의 새로운 인생을 찾아 나가는 독자분들의 '삶'에 힘찬 행복에너지와 선한 영향력을 함께 보내 드립니다.

하루 5분나를 바꾸는 긍정훈련

행복에너지

'긍정훈련'당신의 삶을
행복으로 인도할
최고의, 최후의'멘토'

'행복에너지
권선복 대표이사'가 전하는
행복과 긍정의 에너지,
그 삶의 이야기!

인터파크
자기계발 분야 주간
베스트 1위

권선복 지음 | 15,000원

권선복

도서출판 행복에너지 대표
지에스데이타(주) 대표이사
대통령직속 지역발전위원회
문화복지 전문위원
새마을문고 서울시 강서구 회장
전) 팔팔컴퓨터 전산학원장
전) 강서구의회(도시건설위원장)
아주대학교 공공정책대학원 졸업
충남 논산 출생

책 『하루 5분, 나를 바꾸는 긍정훈련 - 행복에너지』는 '긍정훈련' 과정을 통해 삶을 업그레이드하고 행복을 찾아 나설 것을 독자에게 독려한다.

긍정훈련 과정은 [예행연습] [워밍업] [실전] [강화] [숨고르기] [마무리] 등 총 6단계로 나뉘어 각 단계별 사례를 바탕으로 독자 스스로가 느끼고 배운 것을 직접 실천할 수 있게 하는 데 그 목적을 두고 있다.

그동안 우리가 숱하게 '긍정하는 방법'에 대해 배워왔으면서도 정작 삶에 적용시키지 못했던 것은, 머리로만 이해하고 실천으로는 옮기지 않았기 때문이다. 이제 삶을 행복하고 아름답게 가꿀 긍정과의 여정, 그 시작을 책과 함께해 보자.

『하루 5분, 나를 바꾸는 긍정훈련 - 행복에너지』